CASO
OBLÍQUO

Beatriz de Almeida Magalhães

CASO OBLÍQUO

autêntica

Este livro foi selecionado pelo Programa Petrobras Cultural

Copyright 2009 Beatriz de Almeida Magalhães

PROJETO GRÁFICO DE CAPA E MIOLO
Beatriz de Almeida Magalhães

EDITORAÇÃO ELETRÔNICA
Waldênia Alvarenga Santos Ataíde

REVISÃO
Ana Elisa Ribeiro

EDITORA RESPONSÁVEL
Rejane Dias

Todos os direitos reservados pela Autêntica Editora.
Nenhuma parte desta publicação poderá ser reproduzida,
seja por meios mecânicos, eletrônicos, seja via cópia
xerográfica, sem autorização prévia da Editora.

AUTÊNTICA EDITORA LTDA.

Rua Aimorés, 981, 8° andar . Funcionários
30140-071 . Belo Horizonte . MG
Tel: (55 31) 3222 68 19
Televendas: 0800 283 13 12
www.autenticaeditora.com.br

Dados Internacionais de Catalogação na Publicação (CIP)
(Câmara Brasileira do Livro, SP, Brasil)

Magalhães, Beatriz de Almeida
   Caso oblíquo / Beatriz de Almeida Magalhães ; selecionado pelo
Programa Petrobras Cultural. – Belo Horizonte : Autêntica Editora,
2009.

   ISBN 978-85-7526-442-3

   1. Ficção brasileira I. Programa Petrobras Cultural. II. Título.

09-11183   CDD-869.93

Índices para catálogo sistemático:
1. Ficção : Literatura brasileira 869.93

*Em memória
de meus pais
José Diogo e Elody*

*Para Rodrigo
e meus filhos
Gustavo, Carolina,
Gilberto e Manuel*

Agradecimentos a
Ludmila De Jaegher
Henrique Chaudon
Augustin de Tugny

A narrativa é um cavalo:
um meio de transporte cujo tipo de andadura,
trote ou galope,
depende do percurso a ser executado,
embora a velocidade de que se fala aqui
seja uma velocidade mental.
Italo Calvino

A besta ruana,
que eu montava,
era o nosso guia,
pois já havia transitado duas vezes por aqueles caminhos
e meu irmão recomendára:
"Não tenham medo de errar a estrada:
é só bambear a redea da ruana
e ela os levará a Belo Horizonte".
Abílio Barreto

A maior velocidade
experimentada até a metade do século XIX
era a do cavalo,
nos lembra o palhaço
Hunter Patch Adams.

A chuva

Cavalo visto em Aquário	15
Cavalo a vapor	23
Mau tempo, piano em calda	29
Do Velho Mundo ao Acaba Mundo	35
Peixes no ar, asno desembestado	43
Bisão de armário	51
Bolinhas de barro, bolinhos de chuva	63
In extremis	67
Vinda do Salvador	71
Domus novae, viae novae	81

O estio

Fora de Aquário e Peixes	91
Pastoral de grota	105
Agnus Dei	111
Via Sacra não, Via Lactea	117
Acaba Mundo, cosmos e carrapichos	123
Durey-Sohy e parelha em marcha	129
Senhor e Senhora da Boa Viagem	135
Dia de pátria e efemérides várias	141
Via Crucis em cinzas	145
Teatro ainda que provisório	151

O ano

Aurora para mulheres	159
Grande golpe de vento e chuva torrencial	165
Murchas as flores do baile	169
Cavalo outra vez em Aquário	175
Cemitério antecipado, plano contrariado	179
Cachoeira, luz elétrica e convescote	183

O ano seguinte

Grinalda de ferro para uma virgem	189

O apagar das luzes

Diabos de luneta	195
A uma passante	199
Nossa Senhora dos Navegantes	203

Amor? Ordem? Progresso!

Nossa Senhora de Copacabana	215

Post scriptum

Um coração simples	223
Era uma vez uma segunda vez	227

A chuva

Desastres das ultimas chuvas

As chuvas torrenciais que,
sobre quasi todo o nosso Estado,
cahiram n'estes ultimos dias,
causaram,
além dos prejuizos de retardarem algumas obras,
varios desabamentos;
entre os quaes o do grande córte,
contiguo ao tunel,
por onde deve passar o encanamento
das aguas destinadas
à Nova Capital.

A Capital

Cavalo visto em Aquário

Animal sumido

*Dos pastos do alto da serra desta localidade desappareceu
um cavallo queimado claro,
bonito e bom de sella,
com a marca V no quarto direito.
Quem o achar e entregar aos abaixo assignádos
em Villa Nova de Lima,
será gratificado com a quantia de*
100$000.
Aristides & Comp.ª

Bello Horizonte

Chuvas

Devido à profusão das chuvas
estão interrompidos alguns trechos da Central,
o que tem obstado a que cheguem até aqui as
malas do correio.

Bello Horizonte

Belo Horizonte, domingo
9 de fevereiro de 1896

O cavalo, imóvel, um borrão, lá fora. O mundo, sob a constelação de meu desígnio, Aquário, transborda com infinda chuva. Confinada nesta sorte de redoma, aquário ao revés, eu sou o revés de um peixe, indo e vindo e vendo pelo vidro a vida distorcida pela lente líquida, minha versão literal, em nada literária, de Viagem ao Redor do Meu Quarto. Faltam cinco dias, sem sinal de estio, para meu aniversário, 14 de fevereiro. Na Bélgica, a festa de São Valentim, há mil seiscentos e vinte e seis anos o protetor dos namorados, que aqui não me tem valido. Eu vou me tornar uma celibatária. Dezenove anos! O dia e o lugar de meu nascimento estão mais e mais longe. Após cinco meses, eu consigo recordar só a Bruges dos bilhetes postais de saudações, enquadrada, em partes, mas esmaecida, gris sob a neblina da realidade e a névoa da memória, reflexos trêmulos nos canais apenas: empenas serrilhadas, telhados pontiagudos, agulhas de igrejas, cisnes retraídos, os bicos sob as penas. Pelas pontes, trotes de caleches, as capotas levantadas. Chuva lá. Chuva cá. O véu fino que me regou a infância e a adolescência tornou-se grossa rede ao se lançar sobre minha juventude tropical. Chove cordas no verão aquoso do Brasil. Nada é sólido. Nada acontece. O jorro contínuo da água. Pancadas secas no relógio da Matriz. Badaladas graves nos sinos de seu par de torres. Repiques argentinos na Capela do Rosário. Surdas explosões de dinamite nas pedreiras ao longe. Belo Horizonte não existe: nem belo nem horizonte!

A circulação dos trens parou sob o dilúvio, cargas e malas postais não desembarcam há dias, eu não vou receber os presentes nem sequer as cartas de meus avós, tios e primos. Pior, não virá nada de meu irmão Frédéric. Logo Fritz ficou para trás, preso ao curso de engenharia. Ele deve assumir a usina de meu avô, já velho, e a de meu pai, que nos trouxe, a mim, minha mãe e minhas duas irmãs, atravessando um oceano, para a Mudança da Capital do Estado de Minas Gerais. Onde nada muda. O tempo, fechado. O piano, fechado. Eu, fechada aqui. Mais de quarenta e dois dias me fariam superar Xavier de Maistre a deambular em sua prisão. Já uma viagem ao redor de mim mesma, ou melhor, dentro de mim mesma, essa sim, seria original. Eu me sento diante da secretária. Fechando os olhos, eu mergulho meus pensamentos na minha circulação, enviando-os feito peixes a explorar pontos remotos, ignotos do meu interior, mas a circum-navegação se mostra complexa demais, além do mais, há o problema de acesso a lugares recônditos, como o coração, as tentativas recorrentes fracassam, imperiosa, a corrente sanguínea reconduz os emissários sempre de volta à cabeça. A algazarra das crianças nuas na rua os traz à tona do real, *sol com chuva, casamento da viúva, chuva com sol, casamento do espanhol!* Eu abro meus olhos. Raios de luz atravessam a chuvarada, projetam no céu opaco o Arco da Velha Aliança, douram as gotas d'água na vidraça, resplendem a pedra ao alto do barranco em frente e, lá, o cavalo cabisbaixo, ensimesmado como eu, que registro a cena no meu diário. Em português, para me exercitar, com letras de forma, em linhas separadas: O cavalo imóvel sob a chuva... a bordo do navio, eu lia e relia sobre o Cavalo. E o Tempo, as Máquinas, os Balões, a Eletricidade, o Universo, os Astros, o Mundo, a Europa. Brasil era um nome no mapa.

Eu trouxe comigo os dois primeiros números do novo almanaque francês: agenda, memorial familiar, manual de conhecimentos, efemérides, moda, quase um livro, todo ilustrado com gravuras. Por sugestão do editorial, em vez da brochura de um franco e meio, por mais um eu tenho os exemplares de capa cartonada, coberta de papel-tela, que eu prefiro à edição luxuosa de escritório, em marroquim, pela bela cromolitografia, padrão, só mudando a data ao alto do frontispício: dentro da moldura dórica, em óvalos, margaridas laranjas e suas folhas verdes serrilhadas emergem do fundo azul-noite, visíveis só nos intervalos dos doze calendários mensais dos santos a tudo sobrepostos, uma pena. Os cinco primeiros meses vêm no terço superior, acima da cornija da cartela, com o título:

Almanach Hachette
PETITE ENCYCLOPÉDIE POPULAIRE
De la Vie Pratique

Junho e julho ocupam os lados do quadro central, definido por gotas, que deixa a cada canto uma pinha entre duas folhas ao inscrever grosso aro feito a compasso contendo uma guirlanda. Tudo é estilizado, geométrico e em cores, o azul-escuro, o laranja e o verde claro, até esse detalhe, mais óculo que moldura, que revela o foco de um plano subjacente e sem cor: a traço livre, um delicado busto feminino voltado para a direita. Trata-se de Marianne, pelos atributos: nos cabelos em coque, a tiara de espigas de trigo da fartura, presa por sinuoso laço que paira sobre a nuca sem tocar a veste estampada de cabeças de galo, os bicos abertos no canto da alvorada. Atrás, o emblema de Paris, a galera. Proa, popa, leme. Para a esquerda, a vela se enfuna e a flâmula tremula no topo do mastro. Para a direita, remos saem do alto casco, as pás revolvem as ondas.

A frágil e solitária cena humana de inspiração pagã contrasta o rol profuso dos santos cristãos. A efígie, sobrancelhas arqueadas, olhar atento, sorriso preso nas comissuras, longo colo, tem um ar predestinado: uma viagem está insinuada. Não fossem franceses os símbolos, a jovem poderia ser eu mesma, mas o camafeu é o retrato fiel de minha irmã primogênita, Marguerite, aliás, muito de acordo com as margaridas em volta. A ausência de cor sugere o tédio da grande travessia da mudança, ou da grande mudança da travessia, para o nada, para o lugar de tempo suspenso, que ainda não é nem deixa de ser. No terço inferior, simétricos aos cinco primeiros meses estão os últimos. Ao pé, em tipos de fantasia, vem o nome da editora, HACHETTE & CIE., muito estranho, se traduzido: MACHADINHA & CIA. Abaixo, o ilustrador conseguiu inserir, à esquerda, minúsculo, manuscrito, *Ques. st.*, por certo o nome do lugar onde vive, e, à direita, a ponto de sair do papel, também a mão, quase imperceptível, uma rubrica, *A. Gir.*, e a data, *93*. Só a chuva me obriga a chegar a esses detalhes, só minha lupa me permite ler tais minúcias. De fato, os dois almanaques, orgulhosos do *dorso muito flexível* e do *quádruplo pesponto indilacerável*, resistiram bem à viagem. Este que eu examino, do ano do lançamento, 1894, é o meu predileto. Nas quatrocentas e cinquenta e seis páginas, entre vários assuntos, se ensina COMO ESCOLHER UM CAVALO... COMO SE ACHA A IDADE DE UMA PESSOA... COMO CONSTRUIR SUA CASA. O melhor: COMO SE FABRICA UM LIVRO E O QUE ELE PODE CUSTAR, ofício que há gerações ocupa minha família: avaliação do manuscrito, composição, correção das provas, colocação em páginas, papel, imposição da sua dobradura, aprovação do autor, tiragem, encadernação e orçamento. Como eu gostaria de um dia escrever e produzir um livro!

Eu devolvo o almanaque ao seu nicho, ajeitando-o até ele ficar paralelo ao outro, igual, um pouco mais grosso, datado de 1895, ano feliz e infeliz. No escaninho, está a comprovação de tal ambiguidade, o porta-cartões das c.d.v., as *cartes de visite*, feitas pela Géruzet Frères, na Rue de l'Écuyer, em Bruxelas, com a fotografia dos meus dezoito anos, *au charbon, procedé inaltérable*. Inúteis, depois da mudança, como o vestido de baile da pose, a mofar no guarda-vestidos. Não há a quem enviar tantas. Circundadas nas bordas por um fio vermelho, elas parecem um baralho só de damas de um só naipe. Eu invento um uso, fazer um leque e com ele eu, a dama original, me abano, frívola como essa moda francesa dos cartões de visita, a cardomania. Que eu troco, com prazer, pelas belas artes, buscando na gaveta meu estojo de desenho abandonado desde o Natal. Para soprar o pó finíssimo do fundo, eu retiro os creions, bastões de carvão, bistres, sanguíneas, esfuminhos, algodões de proteção e os retorno em ordem aos compartimentos, apontando então os lápis de cor com atenção para não lhes quebrar a massa, guardando-os em degradação... não, em português não se diz assim, usa-se o francês mesmo, em *dégradé*, tratando de recolher as lascas espalhadas pelo tampo, senão Marguerite não me dará paz. Levantando para atirá-las ao cesto, eu me vejo no psiché, nome devido ao espelho tão alto que uma mulher pode se ver por inteiro e, em consequência, bela como Psyché, a paixão de Cupido. Para mim, esse atributo não resolve nada. Mesmo que eu me olhe de cima a baixo por horas, eu não me vejo bela de todo, meu queixo não me agrada nem as sardas que meu rosto ganhou na primavera. O Sol não brilhou mais. O verão não chegou de modo completo. Ainda bem. Sem essa chuva, não haveria pó-de-arroz que bastasse.

Eu voltei a ser pálida: morder os lábios, beliscar as faces, nada adianta, só mesmo um pouco de rouge. Minhas tranças me fazem parecer uma menina, eu solto os cabelos e prendo-os em coque. Eu não sou uma Marianne. Será que meu colo ficaria mais longo com um decote como o das atrizes? Eu abro a gola, sem resultado. Sempre posso disfarçar com uma joia. No escrínio, repousam em paz e lastimável *rigor mortis* meus trancelins, gargantilhas, *torsades*, *pendentifs*, camafeus. Eu desisto do ensaio, preferindo remexer as gavetinhas do psiché, onde eu acho, amarrando meus cachos louros de bebê, a fita rosa e prata semelhante à que Rousseau furtou quando jovem, acusando a criada Marion, sua colega de emprego, ao ser descoberto. Eu li essa triste história em suas *Confissões* para uma lição de Moral. Encontro também o estereoscópio, que eu elevo para rever as cenas de Paris, mas o que eu vejo antes, de relance, pelo espelho, é o arraial: a chuva parou, eu não creio! Tudo voltou ao normal, eu posso abrir a vidraça, arejar o quarto, faz calor, há mormaço no ar. Meninos descalços lançam na enxurrada barquinhos feitos de folhas e galhos miúdos. O pequeno Basilio atrela aos varais da charrete os bodes que pastavam enquanto chovia. Esperto, ele lhes deu nomes propícios, os toca e a um tempo apregoa as mercadorias: *Eia Charuto! Eia Cachimbo!* Seu amigo Abilio o segue com o tabuleiro, eles vão para a Rua General Deodoro, ali há freguesia para o cigarro a granel e os pastéis. O Escritório da Comissão Construtora da Nova Capital fica aberto o dia todo, todo dia, até domingo e dias santificados. No sobrado, chova ou faça sol, entram e saem funcionários, técnicos, operários, empreiteiros, moradores e gente de fora que vem ver as obras, políticos, jornalistas, curiosos, mas sem o trem, só aqueles que vieram a cavalo.

Eu aqui pensando em cavalo e aquele ainda quieto lá fora. A natureza acorda e se move, as nuvens já toldam o Sol. No céu baço, urubus se soltam nas térmicas, as asas estendidas. Eles ascendem lentos em espiral, revolvendo o mormaço. Cães trocam latidos distantes, próximos, longínquos, um bem aqui ao lado, vizinho. O canto de um pássaro perfura a trama espessa dos zumbidos, entra e sai, entra e sai, dissílabo: *sa... ci... sa... ci...* Por certo, há movimentos insuspeitados, criaturas esquivas, furtivas, nas matas, nas tocas, nos pântanos e lagoas, onde só os sapos, incontinentes, se denunciam, pulando por entre os talos das taboas. Volta o Sol, resplende a pele d'água na pedra ao alto do barranco. O gato espia, o focinho apontado. Súbito, ele salta, oblíquo. Galgando em buscas bruscas, ele vence o aclive. Lá, ele fareja, só. O gato, a pedra, a água, o Sol e o que voou, justificados no breve instante. Alongado, ele se evade, felino, em linha reta, uma seta. O cavalo se assusta. Voltando a si, animado, ele eleva a cabeça, franze os joelhos, experimenta as patas, dá um passo, outro. Ele desaparece e reaparece por entre as persianas de capim que, inadvertido, ele desfalca e come. Pegando andadura, ele trota rente à janela e vai embora a galope, já some. Eu volto a abrir o almanaque na página em que se aconselha: *Comece por vêl-o à distancia, antes de longe que de perto... se seu aspecto geral suscita uma ideia de potencia e equilibrio, sua primeira impressão é boa.* O cavalo me dá a sensação de radical adaptação. Na chuva, concentração máxima. Ao estio, expansão total. Eu arremato minhas palavras no diário. Soltas na página, assim, sem rimas, passariam por tradução literal de um poema. Antes, ainda, de uma inscrição romana. O que me sugere assinar e datar em latim. Ao modo de antigos imperadores. Ou de fortuita imperatriz.

O CAVALO
IMÓVEL SOB A CHUVA
BUSCA O CALOR
DO ODRE DE SEU VENTRE
E VAI SE TORNANDO
UM CAVALO
DENTRO DO CAVALO
DENTRO DO CAVALO
DENTRO DO CAVALO

ESTIA
E ELE SE SACODE
ATÉ VOLTAR À SUPERFÍCIE
DE SEU COURO
É DE NOVO
UM SÓ CAVALO
QUE SE MOVE
E VAI
CAVANDO
CONTRACAVALOS
NA MASSA ÚMIDA DO AR

BERTHA ADELIA THEREZA
DIXIT IN MDCCCXCVI

Cavalo a vapor

Festa

*No dia 9 do corrente realisou-se em Villa Nova de Lima
a festa de S. Sebastião,
com a costumada concurrencia.
A chuva deu justamente o tempo sufficiente para os actos,
continuando a cair torrencialmente logo depois
de concluida a solemnidade.*

Bello Horizonte

Esthesia architectonica

Eu que, apezar do meu diploma de architecto,
apenas me considero,
quando muito,
*um **art referee** de architectura,*
só faço votos para que architectos e engenheiros,
a quem está confiada tão nobilissima tarefa,
nunca esqueçam que,
acima de preceitos gregos,
romanos ou gothicos,
está o escôpo de fazer edificios para uma capital modernissima
e,
sobretudo,
uma capital mineira.

A Capital
Alfredo Camarate

Belo Horizonte, domingo
9 de fevereiro de 1896

Ora, pois, muito que bem: tenho já os dedos duros de batucar as teclas da máquina de escrever, emperradas por fim nesta quadra do verão, a mais chuvosa que vejo no arraial. E na vida. Há dois anos, solitários e solidários, ela e eu partimos do Rio de Janeiro e a sacolejar viemos por dezoito horas nos vagões da Estrada de Ferro Central do Brasil. Pousamos por três dias no Hotel Clark de Sabará e, com dia ligeiramente encoberto, a sacolejar viemos por mais quatro horas em lombos de burros pelas lombas do caminho que aqui vem dar e, ao afluírem cafuas, casas e muros longos de barro, torna-se a extensa Rua de Sabará. Apeamos, nos acomodamos no único e improvisado hotel, favor de um fazendeiro. No dia seguinte, diante dela me sentei e teclei ao primeiro Engenheiro Chefe da Comissão Construtora da Nova Capital: *Exmo. Snr. Dr. Aarão Reis*. Referindo conceituado colega e amigo meu, eu ataquei: *O dr. Ferreira de Araujo, meu velho companheiro de jornalismo, communicou-me que havia escripto a Vossa Exa., pedindo-lhe a sua protecção em meu favor. Conhecendo a responsabilidade do encargo que pesa sobre V. Exa. e ainda as extraordinarias preoccupações que deve ter tido, na installação de tão serio quanto importante serviço de lançar os fundamentos de uma grande capital, não me apresentei para pelo menos cumprir os deveres da boa cortezia; convicto de que enredado, no melhor animo, em tão vasto emprehendimento, não descerá às minuciosidades de attender a preitos de nonada.*

De per si, a máquina prosseguiu, a lançar escusas e ressalvas, para desembocar no indefectível *disponha V. Exa. do meu desinteressado prestimo, que é servido unicamente pela minha boa vontade e nunca desmentida actividade,* ao que arrematei, em proposital incongruência: *assigno-me como venerador e imprestavel criado.* Loquei, *Bello Horisonte,* datei, *18 de março,1894,* firmei, *A. Camarate,* envelopei e enviei ao jovem, dinâmico e pequenino homem da grande obra, que já se foi, desgastado. Quanto a mim, pachorrento cinquentão de estatura e obras medianas, deixei logo o cargo concedido, o de operador fotográfico, e, uma vez que lá, apesar da pretensa modernidade do Escritório, pouco se usa a outra única *typewriter* que aqui há, uma Remington *standard,* transferi-me para a seção de desenho como analista. Exonerei-me, fui construtor, passo hoje o tempo na flauta, em sentido estrito e lato, e na escrita, mister a que vim, ao qual a terra é propícia, pelos acontecimentos da construção e pela chuva que me obriga o recolhimento. Tenho agora bom quarto, vero e não mero arremedo, sem goteiras, com um conforto essencial para quem lê e escreve: vidraça. Súbito, por ela, vejo que, mesmo chuvoso, o dia se faz claro, me levanto e a abro, feliz a pique de entoar: *Dom Remi, Faz Sol Lá?* Não há quem me acate o chiste, incorrigível vício, ninguém para completar a escala musical: *Si!* Não importa, repentino, o Sol por si se afirma. E o que faço é me enfiar em uma das seis calças de brim pardo de enfrentar lama, nas botas idem, no paletó parelho, tudo obra de bons oficiais curralenses e, enterrando meu chapéu na calva, saio a desemperrar as pernas. Tão animado e lépido vou que, ao pôr o pé na rua, quase me atropela o cavalo ex-sumido pela serra que cinge ao sul o ex-Curral del Rei.

O bicho há dias veio dar diante da tipografia do jornal do vigário, o *Bello Horizonte,* ficando para a Matriz, como espórtula, a recompensa de cem mil réis prometida por comerciantes de Vila Nova de Lima, conterrâneos dele, o padre Chiquinho, que, aliás, está para lá, foi à festa de São Sebastião na sua terra, atrás da serra. Safar-me do pobre animal me faz voltar a tema de interesse público que, tendo abordado no *Minas Geraes,* em Ouro Preto, por julgar urgente, repisei, domingo passado, no novo semanário daqui, que é para valer e não tímido boletim de paróquia. Ao contrário do jovem reverendo, que de raro em raro admitiu colaboração minha, o doutor Bressane, o coronel Pisca-pisca, do *A Capital,* me deu boa chance. Posso repetir *ipsis litteris* as *Pincelladas* desferidas no artigo de estreia da coluna assim nomeada e assinada sob pseudônimo para não ferir suscetibilidades. Introduzi, a bater na cangalha para cura e curralenses entenderem: *Pinta-se a manta e pinta-se o padre. Pinta-se o caneco e... pinta-se o diabo.* Escaldado por trinta anos de jornal, os dois últimos narrando, sob a alcunha de Alfredo Riancho, estes primórdios da Nova Capital para o *Orgão Official dos Poderes* da velha Capital de Minas Gerais, não pedi *a benevolencia e amerceiamento do leitor; mas a attenção dos mestres typografos para que não commetam algum gato espinhoso e crêspo que lhes mereça a honrada delegacia de policia.* Se em qualquer tipografia erro não falta, naquela de Ouro Preto, com apenas quatro anos de vida, é tiro e queda, diante do termo *meteorologico,* logo se saca o primeiro *o* e se mete um *e* após o *r,* saindo impresso *metereologico.* Vejamos como será aqui. Feita a advertência, pus-me em campo a escolher lugar e armas: *Onde vejo tela vejo assunto e nunca Bayardo foi mais pronto em puxar da durindana do que eu a sacar dos pinceis e da palheta os toques que me inspiram os homens e as cousas.*

Anunciei o assunto, indagando antes se haveria melhor: *uma capital moderna, que surge do mato e da floresta e promete muitas galas aos arquitetos, muitas folistrias cientificas aos engenheiros e sobretudo muita ralação e dores de cabeça aos futuros edis que tenham de por na regra do bom viver este bom povoado de Belo Horizonte e seus suburbios, arrabaldes e cercanias.* Isto posto, não me furtei e coiceei o balde, no caso, de tinta: *Se não começarmos, desde já, a pôr em vigor algumas posturas, a edificação da nova capital será um problema irresoluvel. Arriarão mantas de toucinho, nos degráus da majestosa escadaria do Palacio Presidencial; atarão as alimarias, às columnas do Palacio do congresso, como se elas fossem mourões de estrebaria; apascentarão os bois e vaccas, nos talhões do nosso majestoso parque, se é que não lhe activarem a cultura, com estrumes gratuitos e fornecidos com boa vontade; cortarão os cuidados macadams, as ruas calçadas de pedra ou de madeira, com as rodas desses monstruosos carros de bois e que se talham em gume como que expressamente, para reduzir as ruas a talhadas de melancia...* Bati na mesma cerda e não baixei o tom da palheta: *pintarão, finalmente, o padre, a manta, o canéco e o diabo!* E retoquei: *É mais fácil erigir outra torre Eiffel, n'um lodaçal, do que modificar, em dois annos, as regalias e pretensos direitos dos tropeiros, que pensam, aliás na mais completa boa fé que, delles e dos seus burros, são todas as estradas e azinhagas, todas as praças, ruas, largos e jardins, entendendo elles também que os seus rossinantes são dignos de passar por toda a parte, incluindo o corpo de nossas humildes pessoas.* O meu quase atropelamento pelo cavalo meteoro, ou *metereo*, como querem os mestres tipógrafos, o prova. Ainda anunciei, a prometer apertos de parafuso sugeridos no heterônimo a propósito criado: *É sobre este melindroso assumpto, o da disciplina municipal, que irá talvez devaneiar.*

O de v.v. s.s. att.° cr.° Alberto Screw.

Mau tempo, piano em calda

As ruas de Bello Horizonte

Nos tres ou quatro annos em que as velhas ruas e azinhagas
têm de dar passagem a milhares e milhares de pessoas operosas,
não era muito que se fizesse algum reparo,
embora com caracter provisorio.
Os que até agora se tem feito não são mais do que
uma contradança de barro,
de um lado para o outro;
deixando-nos asphixiados, na secca,
e affogados, durante as chuvas.
"Escorregar não é cahir",
diz o proverbio;
mas ultimamente
não há quem não tenha escorregado
e cahido,
como patinador bisonho
e zaranza!

A Capital

Belo Horizonte, terça-feira
11 de fevereiro de 1896

Se como autor fictício prometi, cumpro na minha real pessoa: devaneio, devanearei e voltarei à carga, *oportuno tempore*. Não é que porventura hoje mesmo leio o primeiro *Boletim Metereologico* da Comissão? Até tu, *A Capital?* Que espiga!

	Barometro:		
Temperatura	*médias*		*21° 9*
Altura barometrica			
(a O° e ao nivel do mar)	"		*761mm,08*
	Thermometros:		
Temperatura	/	*médias*	*21°, 7*
	Pluviometro:		
Quantidade de chuva	*Total*		*97mm,10*
Estado do tempo (Chuvoso)			
	Nebulosidade:		
Estado do céo	*médias*		*8, 6*
Forma das nuvens	"		*K.N.*
	Vento Reinante:		
Velocidade	"		*1m,90*
Direção vento dominante			*W.N.W.*

Erro tipográfico à parte, dispondo o arraial de observatório meteorológico bem-equipado, com técnicos competentes, e de jornal quase idem, posso me dar ao luxo de saber do clima em minha própria cama, como, ao invés e sem prejuízo, consultar meu próprio termômetro, constatar por mim mesmo que chove e o que mais soa lá fora: badaladas descompassadas. *Grande preguiça no relógio da Matriz!*

Com botas ferradas e bom guarda-chuva dá para ir até o fim da Rua de Sabará sem valsar *Os Patinadores* de Waldteufel e esborrachar na lama. O senhor Augusto Lewin troca de moradia e vende tudo o que tem na casa de número 253. Pode-se ver de manhã de sete às dez, de tarde de cinco às sete, não diz o anúncio da semana passada a que dias. No domingo, em raro momento de suspensão da chuva, dei com o nariz na porta. A lista cita primeiro um piano Herz, a *pièce de resistance*. Vem, então, mobília austríaca, com guarda-vestidos, cômoda, toalete com espelho e quatro gavetas, duas camas, meia dúzia de cadeiras de jacarandá, guarda-louça, etagere, mesa de jantar, espelho grande... e relógio com termômetro, esplêndido fogão americano, bomba com canos de chumbo, espingarda de fogo central, máquina de tirar retratos, vaca com bezerro, dois cavalos, etc., etc... Só o piano é nomeado, do resto não constam marcas e raças, na certa para encurtar anúncio e baratear o custo. O fogão deve ser desse tipo moderno, Red Star, gaseificador de gasolina ou querosene. Como não se fala em venda de porteira fechada, darei uma vista d'olhos em tudo, não para mim, celibatário convicto, que das benesses metropolitanas só sinto falta dos sorvetes. Vou avaliar apenas o piano para a banda que formo, poderá ser útil para trabalhar os arranjos. Conquanto, a propósito, tenha a cabeça feita: seja Herz, Erard, Pleyel, Gaveau, Bechstein, Pruvot ou Blüthner, quando sai da fábrica, está no período aveludado e surdo, tolhido por feltros e camurças novas. Em seis meses, estes se acomodam, a sonoridade se solta, brilhante. Daí em diante, o piano decai. O jogo torna-se mole, o timbre fica metálico, falando na gíria dos tocadores, pega aquele *som de tacho*. Antes de completar um ano, as camurças acamam-se e endurecem.

Começam a se fazer sentir essas e outras más interferências e grave tudo se torna quando o piano tem a tocá-lo um amador. Considero-o mais que mecanismo, organismo, um animal, quadrúpede, no caso, apenas não semovente. De resto, não há muita diferença, é taludo de corpo, emite sons, tem cordas vocais, dentes, poros, pernas, pés, usa ferraduras, se pensarmos que os isoladores funcionam como tais, e até cauda tem. É quase um cavalo, considerando ademais que se o conduz assentado em boa posição, olhos e pés apontados para frente, como recomendam os professores de equitação, mãos firmes e sapientes, mantendo andadura conveniente, todavia sem sair do lugar. Portanto, na ordem natural das coisas, para escolher um piano deve-se saber primeiro como escolher um cavalo: *Antes de mais nada, não admitais que seja exibido o animal à francesa, apoiado sobre os quatro membros, colocado sobre um plano inclinado, com um gengibre vós sabeis onde.* Assim, despudorado, recomenda conceituado almanaque francês, a despeito de se destinar também a distintas senhoras e senhorinhas. Quanto a mim, quando se me apresentaram exigências da firma com a qual eu e meus bons amigos, o Soucasaux e o Edwards, ganhamos a concorrência para a construção da Estação de General Carneiro, nem bem cogitei em comprar uma alimária para vencer as dezenas de léguas que teria pela frente, já bateram à porta da casinha em que moro alguns alquilés, oferecendo-me cavalgaduras de todo tipo, com argumentos disparatados. Um declinava as vantagens de cavalo gordo: boa andadura, marcha e travado, dando silhão, manso, no qual se ia qual numa rede, tão novo que nem nome tinha. Outro, as de velho e magro, mas musculoso, como deve ser o de jornada: trotão, galopador, esperto, fogoso, acudindo pelo nome de Choramulata.

Confesso que me confundi, acabei ficando sem montaria. Meu caminho é inverso. Homem da cidade que sou, examino cavalos como sei examinar pianos, se é que o sei. Porquanto o piano, para que se lhe conheçam comportamentos, vícios, limites, potencialidades, necessidades, vida útil, cuidados, merece um tratado. E ser bem-tratado, ainda mais sendo o Curral de El Rei bacia que se enche a mais não poder e transborda como as muitas que tive espalhadas pelo chão de terra do meu antigo quarto no primeiro hotel, *especial* pela cama de jacarandá de pés torneados e quatro balaustres em que terá dormido Tiradentes. Assim garantia o dono, com *aquela certeza* de bordão só aplicável às goteiras e ao cardápio: ao almoço, feijão, arroz, carne de vento e, às vezes, carne fresca, batatinhas fritas e café, ao jantar, feijão, arroz, carne de vento e, às vezes, carne fresca, batatinhas fritas e café! Pois, então, conforme as condições atuais das telhas da casa velha do senhor Lewin, se por lá não esteve, quando sóbrio, o Chico do Telhado, o Herz será já um piano *em calda*. Quando mais não seja, tendo dedicado anos à tarefa de entender desse bicho manhoso, tenho opinião formada: o piano novo é a carne, o piano usado é o osso! Breve, vou abordar o assunto, não no próximo número do jornal, que os artigos encomendados são três, já largados, a galope, quase na chegada. Um assino com o nome de batismo, Alfredo Camarate, outro ainda como Alfredo, variando o sobrenome para Riancho, e o terceiro firmo como esse esnobe Alberto Screw, invenção total minha, com cuja destra dou minhas pinceladas e voltas de parafuso. Tudo para o *A Capital* simular afluência de colaboradores vários. Desdobro-me, não sou bom, mas sou múltiplo, e assim é esse meu ofício de gazetista, quando muito, quando nada.

Do Velho Mundo ao Acaba Mundo

Vende-se um bom cavallo de sella,
de bonita côr e de tamanho medio.
Para tractar nesta typographia.

Bello Horizonte

Desde o dia 26 de janeiro ultimo,
até hoje,
só chegaram duas remessas de malas
conduzindo correspondencias
que alcançam a data de 11 do corrente.
Esta lamentavel irregularidade,
devida à interrupção do transito na estrada de ferro
...

A Capital

Belo Horizonte, terça-feira
18 de fevereiro de 1896

Se o anúncio no jornal tivesse saído antes, o cavalo teria sido um presente perfeito para minha filha Bertha, embora a questão se tenha resolvido assim, assim: anteontem, apesar de a chuva não ter parado, a circulação dos trens foi restabelecida, cargas e encomendas enfim desembarcaram. Eu tinha encarecido ao meu agente na Capital Federal que as despachasse assim que chegassem de Bruges pelo navio, o que de pronto foi feito, eu soube pelos informes e faturas anexados, o escritório fica na Rua do Hospício, muito perto da Alfândega, mas os desbarrancamentos impediram o caminho de ferro. Bem, um dia após o aniversário, mas sempre vieram, malotes, caixotes e os benditos baús de couro encomendados nos curtumes da estrada de Sabará, com minhas iniciais, em tachas de latão, J.F.C.D.J., para diferirem dos da firma e serem logo encaminhados. Vã providência. Anna Catharina teve de improvisar uma modesta festa com os poucos gêneros que eu pude comprar debaixo de chuva, chafurdando na lama, percorrendo todo o comércio, zanzando de um a outro negócio. Eu desci ao Largo da Matriz, onde encomendei a cerveja, não se compara à ancestral dos Artois, mas vá lá, o fabricante, *il signor* Fornaciari, mandou entregar. Passando no Empório Americano e no bazar do senhor Edwards, o mais sortido daqui, eu segui a Rua de Sabará até o Beco do Pimpão e, na volta, eu estive na Confeitaria Rústica do senhor Amblard e no sobrado do Armazém do Povo.

Eu não achei boa carne verde no Ao Boi Gordo, no barracão junto à ponte. Voltando para casa, eu encomendei as gasosas na selaria do senhor Gonçalves de Mello, junto à segunda porteira do ramal férreo da Liberdade, seu filho vai entregar. Onde minha rua, a do Comércio, torna-se a Rua do Capim, eu percorri os ranchos de tropas dos senhores Manoel d'Assumpção e Julio Groppi. Evitando os pisões das botas ferradas, eu disputei as raras mercadorias frescas com os italianos, em ruidosa conversação, malgrado os cachimbos pendurados na boca. O vinho daqui é de padre, vale bem uma missa: sorte eu ter podido improvisar a adega no porão, as paredes de pedra e o chão de terra formam por si uma *cave*, garantiram boa temperatura ao que eu trouxe da Bélgica, já no fim. Ainda bem que o estoque foi renovado com o que chegou entre as encomendas para o aniversário de Bertha e, a seguir, o de Marguerite. Bertha abriu seus pacotes, ela adorou os livros e revistas enviados por Fritz, em especial o *Almanach Hachette* deste ano. Ela quer continuar a coleção, tem interesse por assuntos gráficos, está no sangue. A edição, no padrão das duas primeiras, é mais moderna e completa: quase quinhentas páginas, sem contar as de anúncios, que são mais do que todas dos almanaques comuns. Além de gravuras, o número traz fotografias de tiro e ciclismo, e quatro cromolitografias vistosas de *affiches*. Bertha ficou feliz que Fritz tenha destacado os bilhetes para espetáculos que o estimulam a ir a Paris: L´Odéon, La Gaité, Les Bouffes-Parisiens, Isola, Les Concerts D'Harcourt, Le Nouveau Cirque e os bônus para os Grands Magasins De La Place Clichy e Boudier Tapioca-Bouillon, com direito a uma pose fotográfica e quatro números, que ele enviará, de *La Mode Pratique, Mon Journal* e *Journal de la Jeunesse*.

Meus sogros pensam no futuro. Para Bertha, dona Sophia teceu peças de enxoval e um para-sol em renda *dentelle* e o velho Feldhaus adiantou provas das apólices da Société Anonyme, com cromolitografia de belo pórtico metálico. As definitivas virão assim que o notário Jules Jacqué publicar a fusão das usinas nos anexos do *Moniteur Belge*. Para o aniversário de Marguerite, próximo, as mesmas coisas. Já os tios, práticos, coletivizaram o presente: os jogos divertirão a todos, sobretudo a bocha, canchas naturais não faltam aqui. As atenções dos avós me são gratas, eu não tive tal felicidade. No ano do meu nascimento, morreu meu avô materno, impressor e livreiro de raridades, com tipografia própria na Vlamingstraat, na trilha do meu bisavô, Joseph Bogaert, conhecido editor e colecionador de arte flamenga e italiana. Bom liberal flamengo, meu avô Daniel soube dosar interesses comerciais com o culto à história, tanto que batizou seu pequeno cargueiro de Clio. Só até os dez anos, convivi com minha avó valona Caroline Dumortier, sua viúva, que enquanto teve saúde manteve a casa da Sint-Jansplaats animada para os netos, o filho, a nora, as filhas e seus maridos bem-sucedidos, de atividades muito diversas: meus tios Jan Borre, operador noturno da barcaça para Gand, François Mabesoone, cervejeiro afamado, Jacques Cocklaere, dono de café restaurante na antiga Bolsa da Theaterplaats, Constantin Crommelinck, respeitado oculista, e meu pai, Joseph De Jaegher, controlador das pontes e estradas de Bruges. Passando a negociar materiais de construção, meu pai abriu, na pastagem entre o Boulevard Toison d'Or e o Val de Roses, a forja e a fundição que deram à via o nome de Fonderie. Enquanto prosperaram os agregados por matrimônio à família, o patrimônio se esvaiu pelas mãos do único filho.

Esse meu tio, Alphonse, liberal radical, tocou a editora, a livraria e ainda criou um jornal, mas entrou em decadência por problemas pessoais e conjugais. Adolescente, serviram-me as lições da casa Bogaert-Dumortier. Posso me considerar um fruto dessas convivências e experiências todas, uma mistura ainda que mal-esboçada de interesses diversificados que ainda justificam a Bruges ser considerada uma Veneza Setentrional, e talvez elas tenham me valido tanto ou mais que o curso de engenharia, pois não duvidei em me arrojar nas oportunidades surgidas com a notícia da construção de uma cidade inteira no Brasil. Eu contei, é claro, com providencial ajuda de um compatriota que chegou a 3 de março de 94, dois dias antes do início das obras da Capital, marcado pela cravação da estaca zero do ramal ligando Belo Horizonte à linha da Central. Em junho, Jean Verdussen estava nomeado desenhista de arquitetura da Comissão. Não fosse ele, eu não poderia ter trazido a família. Eu tive, entretanto, de esperar até setembro passado, quando os trilhos do ramal chegaram ao entroncamento em General Carneiro, próximo a Sabará, permitindo a conexão a Belo Horizonte. Jean, já entrosado, conseguiu liberar a casa que foi de abastado morador, sem luxo, mas muito boa, nos termos daqui. No alto, elevada e coberta de telhas de barro, feitas nas coxas, verdadeira curiosidade. Mandei instalar vidraças, uma raridade, e o cortinado de renda que eu trouxe. Os amplos cômodos assoalhados me permitiram trazer todos os móveis, até o piano, que subiu da estação em carro de boi e chegou bem. A variação da temperatura entre os dois continentes, a chuva incessante, a crescente umidade, danificaram-no bastante e ele precisa de conserto e afinação. Viver sem luz elétrica vá lá. Sem o piano, as noites são lamentáveis.

De dia, a gente se arranja. Hoje, sendo Mardi Gras, nós fomos todos ver o Entrudo, nome que ontem, no café de toda noite na Farmácia Abreu, o pároco explicava vir de Intróito, Introdução da Quaresma. Uma paganice que no arraial é inocente, ele ponderou, tem de tolerar, como o Congado. Esse, ele deixa desfilar Matriz adentro com fantasias, adufes, caixas de rufo, zabumbas, puítas, sambucas e reco-recos nas festas de Nossa Senhora dos Navegantes, como no último dia 2, e do Reinado Congo, na Capela do Rosário, padroeira dos Homens Pretos, na primeira dominga de outubro. Crenças de seus antepassados, escravos convertidos, que ele não renega. Eu penso que sem sua ajuda nada aqui vai para frente, o Carnaval perde das festas religiosas, das Cavalhadas no Largo, é mesmo desanimado, a minguada banda do afinador de pianos circulava na Rua General Deodoro, os moleques atrás, poucos mascarados, os disfarces molhados de chuva, vagavam alvejando as pessoas com limões de cera, esses também chamados de entrudo, que estouravam empapando as roupas de água de cheiro. Por sorte, nós escapamos, mas não de sermos demandados em voz de falsete: *Você me conhece?* Apenas um, eu desconfio ser o doutor Esquerdo, condutor de obras, pelas botas amarelas, evitou falar ao fazer presente de um desses limões a Clärchen, ao que Mademoiselle Félicité explicou com seu forte sotaque português: *Clara, minha menina, entrudo é o de minha terra, cá, há mais plateia que foliões, ora pois!* Na verdade, nossa governanta se chama Felicidade. Minha caçula, ainda uma criança, se divertia. Bertha também. Em casa, ela fez croquis para enviar a Fritz, como faz com as coisas que ela pensa que ele está perdendo. No Natal, ela esboçou alguns presépios daqui, ornados com musgos do Acaba Mundo.

41

Peixes no ar, asno desembestado

As ruas de Bello Horizonte

Queixam-se todos,
inclusive os proprios engenheiros e empregados
*da **Commissão Constructora**;*
não fallando no resto da população
que tem de calquinhar lama,
na "carruagem de São Francisco",
do estado absoluctamente intransitavel,
em que está a maior parte das ruas d'este arraial.

A Capital

À policia

Sr. Lopes Capitão,
muito digno Delegado.
Chamamos vossa attenção
para o facto reprovado pelas leis municipaes de
*– andar-se **passarinhando** pelos fundos dos quintaes,*
à gente sobresaltando.
Estamos vendo que um dia,
na rua de Sabará,
*tamanha **fuzilaria** cabo de um Proximo dá!*
*Que isto aqui não é fazenda d'**El Rei** nem é **Curral**,*
este povo comprehenda, etcetera e tal...

O socego publico.

A Capital

Belo Horizonte, quarta-feira
26 de fevereiro de 1896

Minhas três graças me foram dadas nos três primeiros meses do ano, na ordem inversa, da caçula para a primogênita. Agora, é o aniversário de Marguerite, que está por chegar, ela faz vinte anos a primeiro de março. Seriam três dias a esperar, mas por conta do ano bissexto são quatro. A festa poderá sair melhor que a de Clärchen, onze anos em 6 de janeiro, e a de Bertha, que não foi como seus dezoito na Bélgica, casa cheia, fartura, flores, música. Lá, é dia do patrono dos namorados, de troca de presentes. Bertha tem essa boa estrela, embora, como Marguerite, ainda não tenha compromisso. Ano que vem, da inauguração da Capital, as condições serão melhores, a cidade sendo finalizada, o tráfego do trem em definitivo regularizado, a vida organizada, o piano consertado, menos chuva, quem sabe se nós poderemos fazer um baile para as duas? Por ora, tudo ainda se ajeita, assim, assim. Os presentes foram muito apreciados, mesmo no dia seguinte. Não só por Bertha, todas em casa foram contempladas, eu me sentia obrigado a compensar o transtorno da mudança. Os chocolates belgas foram disputados, faziam falta, reservei alguns para a festa de Marguerite e, para não estragar a surpresa, escondi seus presentes, que vieram junto. Os artigos aqui oferecidos não são adequados. O que fariam minhas filhas com perfumarias duvidosas, capas à espanhola, fogos da China, xícaras com asas? Como se não fosse normal xícaras terem asas.

Quanto ao cavalo, não faz o gosto dócil de Marguerite. Bertha, mais atirada, é que se tinha entusiasmado com o animal, que parou ao alto do barranco em frente à casa, indo embora com a breve estiagem. Só que, naquele dia, ninguém cogitava que estaria à venda, apenas o vigário, na tipografia do seu jornal. Nem sei se ainda estará. Seria útil, caso ela venha a lecionar o francês no externato de Madame Olivieri, em agosto começam as aulas, e perfeito para que ela, de imediato, se distraísse fazendo planos. Bertha tem estado aborrecida com a chuva, como toda a gente. O doutor Bicalho, o Engenheiro Chefe, informou a Ouro Preto, em desespero, que em janeiro foram setecentos milímetros d'água, em científica e exata medida, e este mês, pelo que se vê, não perfará conta diferente. Assim, o cavalo seria mesmo uma demasia. Quanto à festa de Marguerite, ainda estaremos sem o piano, todavia, como no de Bertha, teremos o fonógrafo, que não é a mesma coisa. Elas e Anna Catharina poderiam executar os *lieder* encantadores, cantados com muita graça, mas sempre Clärchen, a despeito da timidez de adolescente, poderá declamar alguma poesia, ainda que em francês. Infelizmente, sem Frédéric-Guillaume, que nas cartas se queixa da falta da família, dos rigores do inverno e do curso, não vê a hora de se formar. Bertha sente sua ausência, a diferença de idade é pequena, ele um ano e sete meses mais novo, eles são muito próximos e têm grande afinidade. Se estivesse aqui, Frédéric poderia ajudar nos preparativos, com a animação que tem para festas e esportes. Sem Fritz, mais uma vez, eu terei de sair às compras, disputar as mercadorias, enfrentar a multidão de italianos, as levas não param de chegar, o doutor Francisco Bicalho, muito preocupado, telegrafou hoje a Juiz de Fora.

No seu gabinete, ele redigia a mensagem, que me mostrou: *Peço não mandar mais immigrantes com familia porque não tenho mais como accommodal-os.* O que é difícil, são prolíferos. O doutor Bicalho reiterou, no mesmo telegrama, com a autoridade de Engenheiro Chefe, *mesmo solteiros não mande sem consulta previa.* O que nada garante, eles vão pelas ruas como estivadores de Nápoles, em mangas de camisa, argolões nas orelhas, incontinentes. Vejo sempre um que leva lata, garrafa e funil, apregoando o combustível para lamparinas e lampiões: *Karozino, Karozino...* Em geral, eles estão insatisfeitos, queixosos dos empregos, da alimentação, da assistência médica, das acomodações. Cerca de duzentos estão abrigados na Hospedaria de Imigrantes, o grande galpão de madeira e cobertura de zinco à margem da linha férrea, próximo à parada do Cardoso, mas muito longe do centro dos serviços no Largo da Liberdade. Casados, se com família, em quartos separados. Solteiros, em dormitório coletivo. As oportunidades oferecidas em folhetos de propaganda da Nova Capital distribuídos pela Europa, aqui, na realidade, revelam-se fantasiosas ou se frustram. Quando há menos de um mês comprei o segundo número do *A Capital* para ver como ficou o anúncio da sociedade anônima a sair na última página até o fim do ano, li um artigo sobre o assunto na *Sezione Italiana.* O título, *Mala Fede*, provocante, traduz-se por *Má Fé* e dá a entender também mala malcheirosa, segue-se de palavras contundentes escritas em italiano por alguém instruído, sob pseudônimo, aventando que, se na *Piazza della Libertá* um asno desembestasse e batesse a cabeça contra as paredes que se constroem para o Palácio da Liberdade, as secretarias e outros edifícios do governo, ao se recuperar e levantar as orelhas, ouviria sons assaz peculiares.

Tais bestiais ouvidos escutariam os passos continuados dos operários que levam cal, pedra e movimentam as máquinas de alçar materiais, ouviriam a bateção das marretas, o sopro dos foles, os golpes do martelo sobre as bigornas, o tinir do cinzel esculpindo ornamentos e o apito arrogante de Satanás a avançar soberbo pelo ramal da Liberdade. Desse modo, era referida a locomotiva, transportando para a Comissão vagões de materiais. E prosseguia, conjecturando se a besta, atordoada, não iria confundir esses sons todos com os gemidos dos imigrantes, deitados sobre chão nu a céu aberto ou levados pelas águas sob as pontes. O assunto repercutiu e mobilizou alguns nacionais liderados pelo advogado Maciel a se consorciarem para prover de uma beneficência os operários em geral, quando os italianos já distribuem boletins convidativos a uma Societá Operaia Italiana di Mutuo Socorro, incomodados que estão desde o Natal, quando o corpo de um compatriota deles foi encontrado pelo espanhol Santiago na serra do Curral, onde antes havia um Cruzeiro. Identificado por documentos no bolso como Francesco Farnandi, ou algo assim, e constatada pelos dois facultativos a morte natural, ele não foi trazido ao cemitério, pela adiantada putrefação, sendo enterrado como um cavalo naqueles altos sob as mangabeiras de onde extraem a borracha. O padre me deu detalhes do caso que, pelo teor, não divulgou, estive na tipografia, foi-me dito que ele saberia de alguém para trabalhar em casa, está a par de tudo, qualquer coisa no arraial passa pela Matriz ou pelo *Bello Horizonte*. Ele estava de fato afiado: *precisa-se de alguem que lave uma toalha, e não se acha, precisa-se de quem busque um feixe de lenha, e não se acha, precisa-se de quem sirva em uma casa, e não se tem!*

O vigário queixou-se que vias e vendas estão cheias de mulheres que de toda parte vêm vadiar, vagam e, em completo descaramento, borrachismo, devassidão e imoralidade, reúnem-se em sinagogas de rua, promovendo ou provocando desordens. Pragas piores que as do Egito, elas têm derrotado até o rigoroso capitão Lopes, só neste mês ele deteve seis, todas nacionais, que, em ofensa à fé e à moral, o padre persignou-se ao dizer isso, enxovalham o sagrado nome de Maria. Três por vagabundagem: uma atendendo por Maria Setemetros, mais duas que erram juntas, Maria Grande e Maria Pequena. Por ébrias e também vagabundas, Maria Puluquem e Maria Fita. E ainda Maria Luiza, simplesmente, por desrespeito a uma família. Não sendo possível extinguir o mal, ele tem pelejado nos sermões e nos seus artigos para que ao menos seja atenuado. Elas estão sendo chamadas à polícia, com prazo para se retirarem ou se morigerarem e se empregarem. Dessas, é evidente que ele não indicaria para casa de família, vai perguntar entre as senhoras, nas prédicas quaresmais, que começaram trasanteontem todos os fins de tarde, se sabem de moça recomendável. O povo daqui é bom e recorre à sua pessoa para qualquer coisa, exceto certo alguém, contou, um tradicional curralense que vivia a repetir que na hora da morte preferiria ter por perto um burro que um padre. E não é que em pouco tempo o sacrílego renitente, o padre desatou a rir, *foi encontrado morto à beira da estrada, tendo por unico e nobre assistente um burrinho velho e magro, que estava perto, bem perto do corpo ainda quente, porem já cadaver*, e, com muito humor, ele desforrou: *foram cumpridos os desejos do herege alguem!* ainda admoestando: *mas qual! essas coisas ainda não são poucas para fazer juizo a muita gente que nem a pau deixa de ser herege, estulto e grosseiro.*

O padre, ambíguo paisano, envereda por conflitos urbanos. Quanto a mim, inequívoco citadino, de repente eu percebo o quanto equinos, asininos e muares invadiram minhas cogitações e conversas. As do pároco incluíram cadáver, mulheres devassas, homens blasfemos e ainda alguns valentões, por conta de abusos que têm praticado, passíveis de consequências funestas, ao se divertirem a dar tiros pelos quintais e sítios, por pouco não acertando ainda outro dia uma carga de chumbo em alguém que lhes passava pela frente, indo se cravar a pouca distância num barranco e nos troncos de uns arbustos. Segundo o sacerdote, esses lamentáveis eventos repetem-se aqui e ali de um a outro extremo da povoação, que não é mais pouco habitada como dantes, há gente por toda parte, podem esses caçadores sem cautela e sem pontaria acabar provocando uma tragédia. Muitas queixas ouvidas dentro e fora do confessionário levaram-no a fazer chegar ao novo jornal, não o seu, para se resguardar, uma representação coletiva desse temor, sem citar qualquer nome. Por mim, eu lamento que as coisas estejam tomando o rumo que tomam nos grandes centros, pois, não tendo luz elétrica, à noite o lugar é o mais sossegado do mundo, não resta senão dormir e acordar muito cedo. E é o que se faz aqui. Durante o dia, o trabalho rege tudo, desde as seis da manhã, mesmo com essa chuva. Escritório, lojas e ranchos abertos, algumas senhoras, sempre acompanhadas, fazem as compras domésticas, os tropeiros renovam as mercadorias, os materiais são puxados em carroças e carros de boi e também nos vagonetes do ramal urbano, os técnicos e operários circulam. Por todo lado, ouvem-se os ruídos de ferramentas e máquinas e da criançada nativa brincando no barro. À noite, falta apenas o piano. O afinador virá em breve fazer a vistoria.

Bisão de armário

Traços Historicos e Descriptivos de
BELLO HORIZONTE

É que os homens são naturalmente amantes do progresso,
e a elle propensos;
e todos vêem que dessa ebulição,
*desse **fervet opus**,*
que hoje põem em revira-voltas o velho Curral d'El Rei,
e novo Bello Horizonte,
ha de em breve espadanar,
como por encanto,
a novissima e brilhante Minas com suas bellezas,
com seus attractivos,
e com suas riquezas.
Comtudo,
ha de sempre acompanhar aos antigos habitantes
do Curral d'El Rei, ou Bello Horizonte
eterna e saudosa lembrança
de seu simples,
modesto,
mas pitoresco e poetico arraial,
tão rapidamente metamorphoseado
em primeira cidade do Estado.

Bello Horizonte
Padre Francisco Martins Dias

Belo Horizonte, domingo
1 de março de 1896

É o afinador, digo à criada que assoma à porta, atendendo às minhas palmas. Não me conhece, é novata no arraial, mas, incumbida de me conduzir ao piano, me manda subir. Raspo as solas das botas no limpa-pés de ferro demoradas vezes, observando que delas não saem fatias como as que caem, enroladas feito torresmos, da faca em meia-lua que encontro amiúde fincada de topo no chão à porta das casas. O barro ralado pelas afiadas lâminas paralelas da grelha fundida esboroa em torrões de tamanhos vários, escoa por entre os rasgos e se perde, logo embaixo, devolvido à terra encharcada de onde saiu. Considerando ação e resultados, continuo pendependendo, a um tempo atentando para as palavras dispostas de forma artística no emblema ao centro, entre os pés que, dando por finda a tarefa, cesso de alternar.

Ateliers de Construction
Forges & Fonderies de Bruges
J. De Jaegher
Maison fondée en 1850

Equilibrado sobre o artefato como estátua a contemplar o pedestal, faço o cálculo. Avançado um quarto deste ano da graça de Nosso Senhor Jesus Cristo, são passados nada menos que quarenta e seis anos da fundação da fundição, depois de amanhã completando sete meses de colaboração em fundação de bem maior porte e importância, a da Capital do Estado. O objeto me tira da letargia causada pelo dilúvio. De um estalo, que não chega a ser de Vieira, eu recupero a razão.

A firma chegou no importante comboio do 7 de Setembro, não na pessoa de mero representante comercial, mas do proprietário, o próprio, o doutor Joseph De Jaegher, a quem vou prestar meus modestos serviços, aproveitando que não serei eu a tocar o harmônio na missa de hoje, mas é só neste exato instante, lendo esses caracteres forasteiros como se fossem corriqueiros, que me dou perfeita e inteira conta de que o arraial se tornou babilônico, repovoado que vem sendo por legiões estrangeiras e equipado que está de manufaturados nunca dantes cogitados, a fala local a cada dia se recheia de palavras que somam vogais de modo difícil e consoantes de maneira impossível, de início contornadas para logo se imporem, repetindo-se, insistentes, tornando-se obrigatórias, tendo de ser aceitas e postas na língua como pedras de retórica, a bem dizer, de oratória, para ser fiel a Demóstenes e à História, deslocadas de cá para lá de um canto ao outro da boca, perdendo as quinas vivas, que se adoçam feito as dos confeitos, e ficando lisas como seixos rolados, mais trabalho dando, por irredutíveis, quando têm de ser grafadas, não tanto para mim, a quem muito modestamente, na regência da banda e no concerto de pianos, as idas frequentes ao Rio de Janeiro para compra de instrumentos, peças de reposição, encordoamentos, métodos e partituras importados, informam um bocado, se bem que não de todo, mas para a gente daqui, rude, em geral, em função da qual penso que coisas e nomes complicaram-se em demasia no arraial e, ironicamente, por conta da Proclamação, que teve total, malgrado distante, apoio curralense: o Clube Republicano com um só mês da instalação do *Novo Horizonte* do 15 de Novembro cogitou renomear o Curral del Rei com essa significativa expressão como sinal de sua adesão ao regime.

Mais dois meses, o Clube enviou ao governador proposta de alteração do nome para Belo Horizonte, mais dois este assim o declarou, mais três, mediante representação ainda do Clube, apresentou a candidatura do lugar para sediar o governo estadual. E eis que neste oco de mundo o projeto da nacionalidade tem tomado mais depressa do que imediatamente o rumo da internacionalidade. É o que comprovo ao ler que a novidade a meus pés foi fundida além-mar, trazida e fincada como marco na terra turbilhonada no elã de consolidar o Estado na Federação. Ao que constato que, embora esta paragem de engorda e contagem de gado, perdida no mapa, nascida, como a maioria das vilas brasileiras, da cobiça, da andança e do abandono dos bandeirantes, estivesse, desde o começo do século vaticinada pelo padre Arantes a ser famosa e linda cidade, para tanto a natureza a teria dotado de materiais de que ainda se fariam soberbos edifícios, e a ter o solo vendido a altos preços, como acrescentou Dom Viçoso, nem por isso estava preparada para ser o fulcro de evento inédito e notável no Brasil. Em primeiro lugar, não se imaginava, a despeito do pátrio fervor devotado, que a ideia mudancista, nascida da Inconfidência, adormecida e despertada de tempos em tempos e quase levada a efeito pelo Padre Paraiso, eclodisse, laica, impulsionada pela Proclamação, mobilizando interesses políticos e econômicos de permeio a sentimentos contraditórios, provocando muita disputa nos quatro quadrantes do nosso Estado de Minas Gerais. Em segundo lugar, não se supunha que estivesse logo decidida a escolha por esta localidade, dentre cinco. Em terceiro, que fosse desenvolvido projeto integral de cidade, novidade promovida a poder de muitas letras e desenhos, que deixa o papel e ganha vida com uma complexa dança.

Impressionante, a inusitada coreografia dos teodolitos, trânsitos e balizas, dos condutores, capatazes, operários e ferramentas, aos sons e poeirama por tudo e todos produzidos. Deixa despeitados tanto modernos em Juiz de Fora quanto antiquados na velha sede, de início incrédulos, a cada dia mais furibundos, e em vão. A Nova Capital já se arma como presépio gigante, tirada cabeça de morro aqui, aterrada barroca ali, desviados ribeiros, cortadas árvores, deslocados moradores, demolidas casas. Tudo para se rasgarem vias de dimensões inusitadas e se erguerem, de um só fôlego, moradias de seis tipos hierarquizados para funcionários a transferir, destacadas entre si, com jardins e gradis em vez de muros cegos, pontuadas por palácios públicos e não por costumeiras igrejas. O fato de Ouro Preto ter sido formada ao modo português, paulatino e relaxado, estar presa à tradição, à fé e às montanhas, com casario compacto, ruelas estreitas como as do medievo, em exagero semeada de matrizes barrocas, mais de dúzia, se não foi motivo da sua destituição, tampouco a ajudou. A ideia de começar do zero, em espaço passível de ser aberto e expandido, célere se realiza. Demolindo-se o velho, afasta-se a antiga devoção e, nem sendo religião, mas ciência a nova crença, mesmo havendo igreja positivista em Paris e na Capital Federal, aqui os tempos e os templos serão bem outros, os do futuro e do Estado. E tudo nessa empreitada de projetar e fundar uma cidade afigura-se tão pouco natural, invertido mesmo, que o vigário, até ele, jovem, dinâmico e republicano de primeira hora, opõe-se ao modo de se subverter a ordem costumeira das coisas: ruas precedendo casas, casas precedendo pessoas, cidade precedendo a vida, vida que ele não sabe como será, perde dia a dia o pé da sua freguesia.

A antiga Freguesia da Matriz de Nossa Senhora da Boa Viagem. Desenvolvida no século passado da fazenda que cá deixou João Leite da Silva Ortiz, a do Cercado, e originada de ainda mais vetusto curral de aluguel, de um tal Del Rei, pagante de taxas à Coroa por gado nele realizado ou de passagem... é por essa vocação em todo, por tudo e desde sempre curraleira que, no púlpito ou fora dele, o padre evita falar em rebanho. Não fica bem, vê sua grei desbaratada, as irmandades desfeitas, os fiéis desalojados, do mais simples aos mais veneráveis, como no caso do autor do atual nome do arraial, curralense da gema, que teve de dar as costas para o seu mais do que justo e próprio belo horizonte, o outrora Guarda-Mor e Mestre de Primeiras Letras Luis Daniel Cornelio de Cerqueira, forçoso reparar chifre e cerca no sobrenome. O professor deixou seus imóveis na rua de Sabará, o sobrado mais o sobradinho, o sítio Águas Amarelas e, nem bem plantou a casuarina em frente à porta da sua boa casa com nove vidraças junto ao Largo da Matriz, posta depois para sediar o *A Capital*, jornal republicano mais forte que o *Bello Horizonte*, lá se foi para Venda Nova, contrariado com os métodos policiais de que foi vítima depois da muita ajuda que prestou ao primeiro Engenheiro Chefe, o doutor Aarão Reis. E quando mais não foram os comuns viventes, e ainda estão indo, em êxodo, para Piteiras, Calafate, escorraçados. Aí, não há como negar, tangidos feito gado para o retiro, arrancados da modorra para dar lugar à faina alucinada que não guarda domingo, dia santificado e feriado, nem cessa de atrair forasteiros de toda espécie ao patrimônio acostumado mais a movimentos de reses que de gentes. E digo mais, foi por força de tanto contar e dar nome aos bois que se acabou rebatizando o próprio lugar.

O fito do rebatismo foi retirar de vez tanto o que o antigo nome tinha de pejorativo quanto o que ele portava de majestático: *para apagar de vez tudo o que a trono cheirasse ou a rei se referisse.* Assim escreveu o nosso padre Chiquinho, atribuindo pior odor à monarquia do que a um curral, na memória que vem registrando no seu semanário pioneiro, lançado dentro do comboio puxado por duas locomotivas, a Ouro Preto e a Belo Horizonte, na inauguração do ramal férreo no 7 de Setembro, muito a propósito e em tempo, apesar do empastelamento de véspera na Tipografia que não o deixou pregar o olho. Os vagões especiais trouxeram no bojo gente importante, como o ocupante desta casa, em dia de alvorada, salva de tiros, foguetório, banda de música, missa campal no pavilhão montado no Parque e noite de banquete, champanhe, discursos, passeata com lanternas e globos venezianos pelas ruas e concerto no salão superior do Escritório. É o que penso, estando ainda de olhos fixos na escada de granito bruto que galgo, a concluir que tal renomeação foi prenúncio de que a escolha recaísse aqui e antes de alcançar o último degrau e ultrapassar o umbral, adivinho a lavagem por que passou o cômodo grande e assoalhado aberto bem à minha frente. O cheiro de pita esfregada à madeira trescala e eu nem preciso conferir o esbranquiçado das tábuas aparelhadas, afinando em perspectiva para o fundo, tenho para mim de antemão que são de vinhático, sei até do comportamento das fibras trabalhando na absorção e na eliminação da água porque posso me gabar, ainda que para estrito foro íntimo, de ter sentidos tão apurados que me garantiram uma profissão e me tornaram apto a perceber, pelas mudanças de estado da matéria, as variações de humor das coisas vivas, mortas ou inertes, em seus Três Reinos, à passagem do tempo.

Mecanismo exposto aos caprichos dos elementos, dos quais tudo depende. Ondas térmicas, acústicas, luminosas, propagação, reverberação, dilatação, contração, osmose, salinidade, polaridade, eletromagnetismo. Maravilho-me diante de tais fenômenos perfeitamente observáveis e de seus surpreendentes efeitos, mormente porque, leitor de Cirano de Bergerac, sei-me uma partícula miraculosa no olho de uma complexidade que não se domina de eventos em esferas mais e cada vez mais elevadas, sucessão cósmica de forças de grandiosa nomenclatura que confere, para além da rotação e da translação, movimentos insuspeitados ao planeta. Posso enumerá-los, sem muita compreensão, calcado apenas na leitura iniciática da *Astronomie Populaire*, de Flammarion, precessão dos equinócios, desigualdade paralática do Sol, nutação, obliquidade da eclíptica, variação da excentricidade, variação secular do periélio, perturbações causadas pela atração variável dos planetas, transtornos devidos a deslocamentos do Sol ao redor do centro do seu sistema, na marcha inexorável deste e outros ao infinito. A regência universal me faz, mínimo regente musical, suspirar, o hausto me alivia a sensação de fragilidade, estou sob o umbral, de volta à Terra e de volta à terra com letra minúscula, cuja presença volto a conferir nas botas de couro atanado na água de angico com barbatimão, agora indispensáveis. A construção atinge e muda tudo, a começar dos corpos e das peças do vestuário que os cobrem. Na seca, o depósito de poeira fina no chão alcançou mais de um palmo de altura, os guarda-pós se consagraram, sem eles a pele e a roupa douravam-se polvilhadas do almagre remoído que também enchia os sapatos e lhes cortava o couro. Nas águas, tendo tudo virado uma lama só, calçados mais brutos se impuseram.

As botas não são só proteção, mas meios de locomoção e até eu, que já fui descalço, as adotei, e mesmo uma mulher o fez, conquanto mais delicadas, femininas, botinhas, provocando cochichos. Tal senhora, Madame Riant, contudo, à frente da papelaria e acima do disse me disse, não se incomoda, dama habituada aos grandes centros, cosmopolita, a palavra me anima a raspar com vontade os ferros dos solados na alvura do tecido grosso que cobre a soleira, bandeira de paz e informe das leis particulares do universo que vou penetrar pela primeira vez. Verifico que não surgem mais marcas de barro no esparto alvejado, aliso com a ponta do pé esquerdo o drapejado nele resultante e, de espírito leve, tornado o corpo também leve, levo ao recinto, por crença e costume, o pé direito, tiro o chapéu com o devido respeito que sempre devoto à casa alheia. Alço afinal os olhos: o canapé de mogno ao fundo da sala parece prestes a flutuar, as patas de leão em ponta o mantêm em suspensão, no que são ajudadas pelos pescoços dos dois grifos do espaldar, que volteiam-se como para bicarem-se no ar em golpes de chicote, expressão tanto literal quanto metafórica, avatar do estilo finissecular, vegetal, tensionado, dogmático, contraditório e totalizante, que anuncia o novo exercendo a nostalgia, advoga a submissão da indústria à Natureza. Temo pela integridade da palhinha do assento, mas as feras são meras mitologias, quimeras, ademais presas da quase bidimensionalidade em que foram talhadas, tentando seguir o estilo que exige unidade moral, formal, inviabiliza-se pelo purismo, gora o propalado alcance social, torna-se utopia, desfilando em magazines estrangeiros seus *coups de fouet: art nouveau, jungstil, floreal, liberty, sezession, modern style*, ou simplesmente *moderne*, em russo, só em português não se arranjou nome próprio para o *dernier cris*.

O devaneio do meu olhar logo encontra pouso profissional no piano de armário que, ao contrário da leviandade postada ao lado, o estiloso canapé, constitui volume respeitável de inspiração e vocação bem mais nobres, corroborando iniludível a lei gravitacional ao assentar-se grandioso sobre os isoladores dos pés. Não fossem de cristal rosado belga, tais sapatas estariam ameaçadas sob tanto peso, mas seriam salvas pela providencial taxa de umidade da madeira do piso, que cede malaxada ao peso, como constato, ao adiantar bons passos, que intenciono silenciosos, mas fazem ranger as tábuas fora da linha dos barrotes. Estou defronte ao Blüthner, avalio se há registro de deslocamentos no assoalho, mas não, nem sulcos curvos, nem mordeduras pontuais, constato. Tem sido dispensado o devido zelo. Supondo que possa ter trazido algum respingo do barro lá de fora, titubeio antes de depor a valise sobre tabuado tão bem-lavado. Passo os dedos da mão direita no seu fundo, enfiando-os em seguida no bolso para limpá-los. Necessária a providência, ociosa a preocupação com a discrição. Estou só no silêncio do ambiente. Inicio o exame do magnífico mecanismo. Melhor dizendo, organismo. Concordo com doutor Camarate, para logo discordar, acho que cavalo é pouco para se equiparar ao portento, pela imponência e raridade. Não se pode evocar bicho de manada oferecida em pradaria, cavalo, boi, búfalo, mas exemplar de grupo reduzido, de raça pré-histórica, oculto em floresta. Penso na árvore da qual provém, na mata fechada dos germanos, teutões, tedescos, lituanos... diviso a clareira e, entre brumas, o animal de peladura hirsuta e escura mimetizado a grossos troncos que não o escondem do caçador, do *jaegher*, atilado no seu encalço. Numa comparação, o que eu vislumbro no Blüthner é o bisão.

Bolinhas de barro, bolinhos de chuva

Como vi nascer Belo Horizonte

Aqui e acolá,
espalhados sobre a terra vermelha,
casebres,
choupanas e choças primitivas,
onde o cacarejar incessante das galinhas,
o grunhir dos porcos
e a gritaria das crianças nuas e seminuas de todas as cores
— as quais,
vistas de certa distância,
pareciam bolinhas ambulantes de barro
— entoavam,
na luz intensa do dia,
*o **Allegro apassionato** da sinfonia rural.*

Charles Lachmund

Diluvio

Nos dias 2 e 3 do corrente desabaram
tão grandes e prolongadas tempestades neste lugar
que pareciam um verdadeiro diluvio.

Bello Horizonte

Belo Horizonte, terça-feira
3 de março de 1896

O jornal do padre noticia que há vinte anos não se via chuvarada assim, já medidos 1538,44 mm no ano que principia. Jean Verdussen, porém, diz que, ao chegar, quando conheceu Frederico Steckel, vindo do Rio a convite do prefeito de Ouro Preto para contratos de pintura com a Comissão, surpreendeu a eles e às respectivas famílias a chuva, nunca haviam visto tal abundância. O sobrinho do pintor, Charles Lachmund, estudante de música, impressionou-se com as crianças espojando-se no barro. O mesmo aconteceu a mim e me foi explicado que essa é a natureza do lugar e esse o modo da sua gente aprender a lidar com ela, mas as tempestades de ontem e hoje desabaram de forma inédita. Sorte o dia do aniversário de Marguerite ter sido poupado. As águas do Ribeirão ganharam tal volume que ultrapassam em três metros as pontes mais altas, perto da estação os moradores estão sendo salvos por canoas e jangadas. As roças e casas das margens arruinaram-se, as correntezas levam móveis, cercas, criações. Fui até lá e vi há pouco um cavalo boiando leito abaixo. De tão molhado, precisando de um trago, eu passei no Largo da Matriz, o senhor Edwards recebeu mercadorias francesas. Meu intuito era só uma garrafa de conhaque, o Hennessy V.S.O.P., e eu acabei adquirindo mais raridades, champanhe C. Gauthier, *petit-pois* Philipe & Canaud, chocolate Menier e caixinhas de frutas cristalizadas. Eu vim carregado, subindo devagar até o Largo do Rosário.

Cá estou eu em casa, junto do fogão, onde estão todas elas reunidas, lampiões acesos, embora ainda seja dia. Anna Catharina comanda um café, Mademoiselle Félicité distrai Clara dos relâmpagos que cortam com estardalhaço o chumbo do céu, contando a velha história de que São Pedro está fazendo mudança, os trovões são guarda-roupas e pianos sendo arrastados. Eu me sirvo de uma dose do conhaque e abro as caixinhas das iguarias, enquanto são fritos pela moça encaminhada pelo padre os bolinhos de chuva que aprendeu com chineses na estação de Santo Antônio das Roças Grandes, próximo a Sabará, de onde veio. Como prevenido, ela não sabe ler nem escrever. Marguerite anota como se fazem esses brioches da China e Bertha lê em voz alta uma receita no jornal da paróquia:

> *Tres libras de polvilho,*
> *uma libra de farinha de trigo,*
> *uma libra de manteiga de porco,*
> *oito ovos com claras, herva doce e canella.*
> *Batem-se os ovos, não muito,*
> *deita-se assucar refinado,*
> *depois a manteiga de vacca*
> *e depois a de porco,*
> *as quaes devem ser derretidas.*
> *Amassa-se tudo junto;*
> *deve sovar-se sobre a mesa;*
> *os bolos arrumam-se em latas*
> *e vão para o forno que deve ser*
> *mais quente em baixo que em cima.*

Bemvinda, desinibida, explica o que são os ingredientes e a todo instante corrige a pronúncia de Bertha. Ri do tipógrafo do *Bello Horizonte*, que ela conhece. Repara que ele pulou as quantidades de açúcar e de manteiga de vaca, que ela vai usar no lugar da de porco, de sabor muito forte.

In extremis

As chuvas e a secca

Os serviços interrompidos;
os aterros levados pela correnteza das aguas;
os desaterros,
entulhados;
as enchentes alagando tudo,
elevando pontes;
as ruas,
intransitaveis pela lama;
os pobres operarios,
tristes em suas cafúas,
com a mão na cara,
e meditando seu infortunio,
pois sem trabalhar não podiam viver,
e o tempo lhes não permittia o trabalho;
os tarefeiros e empreiteiros,
em apuros por não poderem satisfazer seus compromissos;
o commercio em desalento,
paralisado,
em consequencia de tudo o que acima fica dicto...
que tristeza!...

Bello Horizonte

Belo Horizonte, quinta-feira
5 de março de 1896

Pela segunda vez, sou chamado às pressas para visita paroquial ao chefe do trem do ramal férreo, desta feita está mesmo nas últimas, parece. Mandei arrear o cavalo castanho, que não é bem médio, está mais para pequira. O Aristides quer que seja montado, ficou muito tempo alongado, pode perder o costume da sela. Por isso, mandou-me os arreios pelo Ozorio, meu mano, para eu incluir no preço para a venda. Meu sacristão, o Honorio Theophilo de São Pedro, valha seu patrono a todos neste mau tempo, vem puxando-o do telheiro, ajuda-me a montar. A sela range, de nova, com meu galeio. E lá vou eu, chapéu na cabeça, capanga à bandoleira com santos óleos e missal, na mão esquerda, guarda-chuva, no cabo, dependurada, a lanterna, com a direita manejo a rédea, o relho ficou pra trás, não há como carregar mais coisa. Acicato o animal, está um breu, chove que chove; o pessoal do Escritório, que trouxe o homem perrengue de General Carneiro com sintomas de tifo, acomodou-o em uma casa perto da Estação. Já chego e apeio, não sem grande dificuldade. As margens do Ribeirão dos Arrudas estão inundadas. Doutor Cicero, o médico da Comissão, está à cabeceira. O Ovidio tem febre alta, calafrios, coriza forte, dores de cabeça, nos olhos. Delira, fala no baú de folha de Flandres que esqueceu na estação nas vésperas do Natal com roupas usadas e um lampião belga de níquel. Repete a expressão como se fosse mágica: *lampião belga de níquel... lampião belga de níquel...*

É a conta de ministrar o sacramento da extrema unção e o pobre Ovidio Pinto Coelho, assim é o seu nome completo, ainda tão jovem e forte, não resiste, dá o último suspiro. Agora, sem família a consolar, os parentes mais próximos estão para Sabará, são as providências do enterro. Dou uma mão à Comissão, é minha obrigação. Mando o Menelick voltar à farmácia com as ampolas e a seringa de jato contínuo que o doutor Cicero tinha pedido e trazer mais velas. Enquanto o facultativo redige o atestado de óbito e o moleque não volta, ofereço ajuda ao seu Manoel d'Assumpção, já chegado, chamado pela vizinha, que foi preparar as quitandas para o velório. Juntos fazemos a dolorosa lista. São sete metros de morim branco e três de corda fina para mortalha e cordão. Seis metros de alpaca preta, um maço de tachas douradas, um das ditas em ferro, quatro metros e meio de corda para alça, duas tábuas, duzentos e cinquenta gramas de pregos dos pequenos, e trinta metros de galão para o caixão com tampa, ficando isso em quarenta e poucos mil réis, o feitio em dezesseis, somando sessenta e quebrados. Os direitos paroquiais de encomendação do defunto saem a quinze, mais o serviço auxiliar do Honorio, a quatro, ao todo serão oitenta mil réis quase redondos. Tudo por aqui fica dia a dia mais caro, até morrer, valha o Bom Deus, mas a 3.ª Divisão vai assumir as despesas e pagar as contas, por ordem do Chefe, o doutor Adalberto Ferraz, que deve liberar locomotiva e vagão da Comissão Construtora para o traslado pelo ramal férreo da Liberdade até perto do cemitério provisório. Coisa mais triste que enterro debaixo de chuva não há. Sair o féretro de carroça e o acompanhamento a pé, tendo de vencer a lama na subida seria mesmo uma temeridade. E honra seja feita, trata-se do Chefe do Trem do Ramal Férreo.

Vinda do Salvador

Pincelladas

A rua é um oceano d'agua ou um mar de lama e,
no unico carreirinho enxuto junto ao predio,
está um cavallo preso a uma das argollas da porta!
O dono do bicho está também á porta:
a gente olha para elle,
com olhar do requerimento
e elle olha para nós com olhar benevolo:
deitamos outro olhar supplice
e de uma eloquencia enternecedora;
o dono do rossinante corresponde-lhe
com o sorriso de um cherubi;
mas o animal fica no mesmo logar
e a gente tem irremessivelmente
de saltar para cima da lama
e attolar-se até o joelho!
Ás vezes o amavel carrasco diz:
"Até mais ver!"

A Capital
Alberto Screw (Alfredo Camarate)

Belo Horizonte, sexta-feira
13 de março de 1896

O tal cavalo, doutor De Jaegher, esteve perdido pela serra ao fim do ano passado. Os anúncios no meu jornal foram em vão. Um dia, veio dar sozinho no Largo da Matriz. O proprietário, gente ali da minha terra, Vila Nova de Lima, achando mais prático o passar adiante, deixou a venda aos meus cuidados. De dia, eu o deixava solto, ele errava pelos becos, pastando debaixo de chuva. Antes da reza, após dar um pulo aqui na Farmácia para o café, mandava o Honorio sacristão recolhê-lo sob o telheiro da tipografia. Cheguei a montar o bom animal, serviu-me para levar em tempo os santos óleos ao Chefe Ovidio, já moribundo quando me chamaram. Infelizmente, foi vendido, até demorou, em virtude da estatura, entre meiã e pequena. Dali, do sobrado da Comissão, o senhor já terá visto o médico que providencia a montagem do consultório aqui agarradinho, na casa ao lado, um senhor pálido, franzino, que deixa suíças para aparentar mais idade, de nome alvissareiro para os pacientes, Salvador, mesmo da capital de onde vem, São Salvador da Bahia. Pois foi quem o comprou, nos primeiros dias do mês, tão logo retornou, tinha estado por aqui no fim do ano. Desta feita, veio de mudança, com a família. Nesses meses de ausência, livrou-se da invernada que o desanimaria, após a proveitosa experiência que teve, antes das águas, morando e clinicando em hotéis, primeiro no Minas, depois no Romanelli, longe da politicagem exaltada e partidária que muito o enervavam no seu Estado.

O doutor já está atendendo chamados a qualquer hora do dia e da noite em sua casa, na esquina da Avenida Liberdade com a Rua do Rosário, e quer dedicar-se por inteiro à sua missão humanitária, para tanto precisava logo da montaria, aliás muito adequada, não só ao seu porte franzino, mas às distâncias a percorrer, o pequira é ágil, bom de sela. Foi bom negócio, não a venda, que apenas intermediei, a vinda de mais um médico, e operador, esclareço, pois o acúmulo de gente no arraial, o dobro do que antes se tinha, no mais das vezes mal-acomodada, fez centuplicar os casos, não muito graves, graças a Deus, de indisposições causadas por esta chuva sem fim, e pequenos acidentes, máxime entre os operários. Muitos nunca tinham empunhado camartelo, picareta, barbaquim, trolha. Chucros, habituados só na enxada, no sacho, na chaula. Doravante, estão em boas mãos. Com os doutores Salvador Pinto, Cicero Ferreira e João Miranda, são três facultativos na tarefa diária, a cada dia crescente, de sobretudo evitar as febres de mau caráter. Voltando ao cavalo, o doutor não tem o que lamentar, sempre sobrará, dos muitos que estão sendo trazidos das proximidades, algum que não se preste a puxar as carroças de materiais ou girar as amassadeiras das olarias. Não sendo pangaré como o Choramulata oferecido ao doutor Camarate por um desses espertos alquilés que andam por aí... No caso, melhor conselheiro será o arquiteto da Comissão, esse sim, entende de animais de raça, só tem puros-sangues árabes. O senhor já deve ter visto, posso descrever-lhe três: o Ben Chicão, alazão dourado, o Mascaro, tordilho sabino claro, todo chumbado de vermelho, e a Messaouda, alazã, também. Há outro que ainda não vi. Nas fotografias, o doutor José de Magalhães faz questão de posar montado. Não sei é se ele faz negócio.

Ora, só agora me ocorre, tem outro à venda, sim, um zarco, muito bom. Sem ofensa, de olhos azuis como os do senhor. E manso, apropriado para mocinhas, acostumado ao silhão. Pertence à senhorinha Maria Angelica Ferreira, ou melhor, senhora dona, agora de Castro, pois casou-se em dezembro e mudou-se para Queluz de Minas, tendo o animal ficado ao encargo do pai, Victorino Archanjo, na Boa Vista, fazenda aqui no arraial. Ainda não faz um mês o vi, ao retornar da festa de São Sebastião em Vila Nova de Lima. Devia uma visita e o estio permitiu-me ir até lá com o fito de assuntar emprego para um aparentado do senhor Romanelli, chegado em janeiro da Itália, vindo do Rio no último trem antes da paralisação. O moço tem pelejado para se colocar em fazenda de gado, teimoso na fabricação de queijos *caciocavalli*, herança de família. Por ora, ajuda nos serviços de hotelaria, não quer saber das oportunidades na fabricação de vinho, são duas vinhas aqui, não sabe, produzindo perto de trezentos barris ao ano, de qualidade superior, compro na mão dos proprietários para os serviços da igreja. Tampouco o rapaz se interessa pela produção de velas de sebo, que vão para o suprimento da Mina do Morro Velho. Dá-se que os empregos vão se escasseando. A irmã, moça boa, perita nas artes da costura, já se ocupa da confecção de uniformes para o externato que a senhora dona Maria Olivieri inaugura no semestre vindouro. E de vestes, asas, grinaldas, coroinhas, palmas e ramalhetes para as coroações. Goteiras e bolor danificaram muito os guardados em caixas de pau e baús de lata. Maio, o Mês de Maria, aí vem, este ano vai ser uma maravilha. Por conta dessa chuva, para garantir as pétalas a serem lançadas ao pé da Virgem, aqui, desde cedo, já se cultivam as flores, dentro de casa, naturalmente, a protegido...

O afinador prometeu o harmônio, que sofre com as águas, para os ensaios no início de abril. Trinta anjos a coroar, um a cada noite. Se sua caçula, Clara, belo nome, de boa inspiração, quiser, resta o dia 31. Posso mostrar-lhe com gosto a lista, por confirmar, daqui lá falta ainda um bom tempo. Dezesseis das meninas levam com honra o santo nome de Maria, mais da metade, o que prova a devoção dessa gente. Volto a repisar: aqui, desde cedo, já se cultivam as flores, dentro de casa, naturalmente, a protegido...

Robertina Maria
Maria Josefina
Ana Josefina
Querubina Maria
Maria Candida
Maria José
Maria Quites
Hercilia
Maria Florinda
Ana Ferreira
Maria Luisa Nogueira
Olga
Felisbina
Rita Juventina
Emilia
Maria Coelho
Carolina
Maria Clara
Maria Martins
Judith Ferreira
Lucinda
Maria Luiza Silveira
Maria Silveira
Divina Maria
Dejanira
Leticia
Maria Antonieta
Julia
Judith Lopes
Maria Gertrudes

Eu me mostro interessado na lista e nos planos do padre, mas à menção do afinador, no íntimo me censuro. A cogitação da compra de uma montaria, por ocasião dos aniversários das minhas filhas, não deveria ter tomado o lugar de providências tão mais relevantes para a adaptação da minha família à precária situação a que a expus. Como o reparo do piano, que muita falta fez nas comemorações. Ao passo, eu nem sei se Anna Catharina aprovaria tal aquisição, um cavalo requereria um empregado. Ainda assim, eu não pude deixar de pensar em algo que animasse Bertha. Mais do que Marguerite, já amadurecida, e Clärchen, que enquanto vai adolescendo pode formar aqui seu ambiente de juventude, ela sente sua vida pessoal e social cortada ao meio. As amizades, a companhia do irmão, das primas e primos, os hábitos citadinos, conservatório, teatros, tudo ficou apartado pelo imenso oceano. Sem contar com os seiscentos quilômetros íngremes que separam o arraial do porto, esses que fazem insone o doutor Bicalho, que, na dependência de materiais de importação, tem que se haver com outro fator incontornável, entrave inesperado, a Natureza, a força dos elementos, aqui radicais. As chuvas torrenciais, ineditamente prolongadas, um azar, tornam deploráveis as condições da única via férrea, calamitosa é a situação, enorme o peso da responsabilidade. O prazo se esgota, afora os prejuízos que fazem andar para trás os trabalhos, muito se perde, material e moralmente falando, vai literalmente por água abaixo. As burras dos empreiteiros e comerciantes se esvaziam, o ânimo dos operários se arrefece. O Engenheiro Chefe se vê na obrigação de elaborar um relatório de atividades, uma prestação parcial de contas, isso ele me confidenciou pela manhã no gabinete aqui defronte, no sobrado do Escritório.

Noto que o usineiro, não sei por que, se calou, encabulado, e para reanimar a conversa mostro-lhe e recomendo a polpa de tamarindo feita pelo farmacêutico Abreu Sobrinho, pai do seu Theodoro, dá ótimo refrigerante. Vai, sim, levar um vidro da *pulpa*, me diz, polpa, corrige-se, logo, e me pergunta se já estive com o irmão solteiro do senhor Verdussen, Eugène Victor, que chegou à uma da tarde no trem do Rio, vindo de Anvers, depois de ter residido em Bumbá, no Congo. Agora sou eu quem se encabula, engulo em seco, ouvi de um missionário inglês atrocidades cometidas nesse lugar da África, envolvendo gente da Flandres, e justo um Jean Verdussen, comissário distrital. Espero em Deus que seja mera coincidência ou se trate de nome comum, que nem o senhor Jean nem o irmão tenham a ver com a medonha história. Desvio o assunto para a casa que o casal Verdussen está construindo, das primeiras que se erguem, muito boa, ocupando dois lotes, mas não está pronta, infelizmente, digo-lhe que sei o que é, sem recursos adequados, receber hóspedes. Como foi com Dom Silverio, bispo de Camaco, que no Mês de Maria de 94, em visita pela escolha do arraial para ser a Capital, pousou na minha modesta casa de chão: a poeira das primeiras terraplenagens era tal que, vexado, não encontrei solução senão regar bem a terra batida e nela toda calcar folhas de bananeira, lado a lado, que é como a gente pobre improvisa um oleado natural, achando por bem forrar de ramos também as paredes, para diminuir o desconforto da sala durante as refeições, tendo arranjado o quarto com cama de dossel, toucador, bacia e gomil emprestados entre os abastados daqui, mesmo ciente de que, fiel à sua origem humilde, Sua Reverendíssima não faria conta dessas providências, embora mereça: um homem de muito valor.

Sou levado a contar a história do menino pobre e negro como eu, mal comparando, órfão de pai, posto no seminário pelas mãos do padrinho, Dom Viçoso, por ele enviado a Roma, onde chegou pelo preparo a ser camareiro de sua Santidade o Papa Leão XIII. Hoje é bispo auxiliar de Dom Benevides, seu braço direito em Mariana. Poliglota, grande orador, diligente, criou a Folhinha Eclesiástica, não dessas de desfolhar, comuns no comércio, com versinhos na cacunda, como diz o povo, mas impressa em folha de jornal, utilíssima, com calendário religioso, regulamento do tempo, começo das estações, época de plantio. Todo lavrador tem uma pregada atrás da porta. Contudo, Dom Silverio conservou a modéstia, por isso é ainda mais querido. Na ocasião, chegou a cavalo pela Serra do Curral. No Alto do Cruzeiro, foi recebido por bem uns cem cavaleiros dentre os importantes daqui, que o ladearam em fila dupla e desceram, atravessando arcos de bananeira e bambu enlaçados de fitas e papéis coloridos. O mesmo tinham feito comigo, que nem mereço, ao chegar em 93. No Largo da Matriz, foi vez de foguetório, crisma, reza, bênção dos santos óleos e música, que é o que busco incentivar no arraial. Confesso-me apaixonado por essa graça divina e única no condão de manter o povo unido, do pobre ao rico. Em antanho, o arraial era dividido pelo Ribeirão Grande e pelas convicções políticas. Os da margem direita, conservadores, apegados às tradições e aos seus quinhões, os da esquerda, liberais, mais desprendidos. Quando cheguei, as diferenças estavam atenuadas com a República e a morte de um líder. Por garantia, não deixo de ensejar o coro, de dizer as missas cantadas e investir nas peças religiosas. Ainda agora, faço uma das prédicas quaresmais, conto com a participação de senhoras na encenação dos Quadros Vivos.

A pauta da minha freguesia é cheia, digo, despeço-me e sigo pela General Deodoro em direção à Matriz, está quase na hora da reza. Passo em frente à Delegacia, o Capitão Lopes está em diligência, tomou carona no último Decauville de hoje para o Carapuça, chamado pelo arrendatário da pedreira, o senhor Goulart, que pediu que fosse com urgência, houve um incidente entre um operário e o capataz por conta de uma carga mal-calculada de dinamite. Isso faz com que a questão que, por diplomacia evitei comentar com o usineiro, dos desmandos em Bumbá no Congo, volte-me incômoda à mente, lembro os pormenores que o missionário me relatou, os comissários distritais belgas agem como verdadeiros régulos, dado que o rei da Bélgica nunca lá esteve. São arbitrários, cometem horrores, os africanos são pegos a laço para trabalho a bem dizer escravo e, até que terminem as tarefas e voltem, suas mulheres são mantidas como reféns, sofrem abusos. O tal Jean Verdussen, tenho absoluta certeza, apenas homônimo do daqui, terá esfregado fezes na cara de alguns negligentes na limpeza das latrinas. O que é mais terrível, inacreditável, mesmo, é que os soldados, tendo de prestar contas das balas que dispararam, devem trazer prova de que atiraram em alguém e para tal cortam, senão a cabeça, uma das mãos, mesmo de quem permanece vivo, para não serem cobrados. Até crianças, quando não mortas, são mutiladas. Defumam, amontoam e por garantia fotografam as mãos decepadas para que se mantenham até o dia da vistoria. Os nativos, não compreendendo tudo isso, vendo que os europeus comem carne em conserva, a expressão inglesa me escapa... ah! sim, *corned beef*, acreditam que são levadas para serem enlatadas e consumidas, o que é possível na lógica deles e em absoluto aceitável para qualquer cristão.

Domus novae, viae novae

Obras do palacio

*Apezar das ultimas chuvas
e dos embaraços causados pela estrada de ferro Central,
as obras das secretarias,
da imprensa e das casas dos funccionarios publicos
têm proseguido regularmente
e com maior actividade serão atacadas
desde que cessem as chuvas.*

A Capital

As casas da nova capital

Causou-nos regozijo vermos que as casas
que se estão construindo
não se acham pegadas umas a outras,
como acontece nas cidades velhas,
onde ellas teem o triste aspecto de panos de muralha,
e não de habitações humanas
...
Outra vantagem de não se tocarem as casas,
é ser possivel a cada proprietario ter seu jardinete
ao lado da vivenda,
com o que lucra elle
e não menos lucra o publico.

A Capital
Dr. Augusto José da Silva

Belo Horizonte, domingo
29 de março de 1896

É preciso mais bênçãos do que as *domus novae* que como pároco tenho dado às casas que se concluem. A primeira foi a do polaco, o senhor Carlo Monte Verde, a 8 do mês último, e contou com a presença do doutor Joseph De Jaegher. Esses dias teve a do senhor Luiz Lourenço Rodrigues, e mais estão por vir. Será caso de criar também as *viae novae* para benzer as ruas, pois coisas que nunca ou só de raro em raro aconteciam passaram a ser comuns. Há nove dias, fui ver o português que se meteu com esquentado italiano em briga de motivo fútil, levada às últimas consequências, isto é, a prematura morte do rapaz, por conta talvez de jogo ou vadiagem de mulheres ambulantes, duas coisas a que o capitão Lopes não consegue dar definitivo fim, assim como não conseguiu por as mãos no famigerado Vicente Donnini, que caiu no mato. Os operários italianos andam ressabiados. Cabisbaixos, desviam-se do delegado ou, desafiadores, perfilam-se diante dele, chegando uns a levar a mão à borda do casquete de papel em continência e a proferir: *Capitone!* Os jogos de qualquer espécie foram proibidos e também as reuniões que possam alterar o sossego público, advertidos todos quantos o edital virem ou dele notícia tiverem de que se procederá com toda a energia contra infratores, de acordo com as leis vigentes. Não sendo possível ministrar os santos óleos ao lusitano João Simões, de apenas dezenove anos, encomendei sua alma na santa missa do domingo passado.

Para reforçar, fiz outra encomendação na missa em celebração do também jovem e inditoso mártir São Sebastião, aqui irregular como em Vila Nova de Lima, rezada no dia 25, quinta. A cada dia provo que é do ponto de vista espiritual que mais o Belo Horizonte se ressente, apesar de não descurar, cura que sou, a proteção material dos fiéis, o que não impediu o doutor Camarate, aliás compatriota do finado, tão logo chegado em 94 com panca de metropolitano e pouquíssimo conhecimento de causa, de me taxar pelo *Minas Geraes* de padre alheio às conquistas científicas modernas, sem os dotes necessários para fazer a transição de povoação insignificante em importantíssima capital. Da avaliação do arraial pelo cronista, radicalmente discordo, uma freguesia se forma de almas fortes. Quanto à importância da cidade, respeitados os devidos valores, costumes e direitos dos nativos, desde o início sou aguerrido defensor da mudança da sede do governo para cá, minha militância patriótica e republicana no arraial antecede a de qualquer outro de fora, sobremaneira a do acusador. O arquiteto lisboeta, que como jornalista é ótimo músico, teve o desplante de me descrever como irritadiço, intransigente, pouco diplomático, ridicularizou minhas pegações contra a dança, minhas prédicas a favor da exigência da genuflexão à benção na igreja, da mortalha obrigatória nos mortos, sem perceber que a debilitação moral favorece o recrudescimento da oposição. Movidas por Ouro Preto, campanhas difamatórias partem também de Juiz de Fora, mancomunaram-se. Não bastasse alcunharem Belo Horizonte de Papudópolis, Cretinópolis, Poeirópolis, avantajando supostos males endêmicos, o bócio e o cretinismo, e problema real, mas eventual, o pó, eles acusam intensa epidemia de tifo aqui, uma calúnia.

Como testemunha paroquial da enfermidade, agonia e morte do Ovidio, de pronto me posicionei através do meu jornal. Não para negar a *causa mortis*, vi com meus próprios olhos os sintomas, o estado do enfermo e o que tomava, receitado por médico sabarense: Licor Salipirético do doutor Pontes, específico para febre tifoide, na dosagem para adultos, um vidro de cento e oitenta gramas ao dia, ministradas em frações iguais, uma ao meio-dia e outra às três da tarde. O método, testado em mais de oitenta pacientes, prevê o restabelecimento em sete, oito dias. O doutor Cicero confirmou o diagnóstico, mas não o medicamento, desperdiçados frascos a cinco mil réis cada, uma pena. Substituiu por um mais eficaz, ou que deveria sê-lo e infelizmente não o foi. Pronunciei-me pelo *Bello Horizonte* para contestar o caráter epidêmico aventado, na ausência de ocorrências antes, durante e depois. O jornal juiz-forano excedeu em má fé ao veicular que pessoa daqui terá passado a notícia, enfatizando que apesar do mau tempo o enterro do chefe do trem foi muito concorrido, sugerindo comoção social. Eis que senão quando o doutor Camarate, tendo assumido cargo de redator efetivo no *A Capital*, podendo assestar para o lado certo suas baterias e mirar *O Pharol* na exploração política de caso isolado, está já demissionário para tratar de interesse particular outra vez na construção da Capital. E só hoje o *A Capital* refere, sem nomear, os três facultativos, para negar a epidemia. *A Capital* invoca ainda a salubridade do lugar a despeito da estação chuvosa, dos movimentos de terra e da aglomeração de operários. E publica, para reforçar, uma carta de membro da família, o João Pinto Coelho, que desmente tenha o Ovidio contraído a doença no arraial e morrido em seus braços, afirmando ter isso sido impossível.

Declara o senhor Pinto Coelho que na data se achava em Sabará, asseverando que seu parente apresentou os sintomas em General Carneiro, sendo às pressas trazido para ser socorrido por sua empregadora, a Comissão Construtora. Explicações demasiadas e demasiadamente tardias, parecendo, embora não o fossem, adrede preparadas. Resumindo, o *A Capital* deixou por dez dias de atuar em prol da verdade, não se solidarizou de pronto com a minha solitária voz e permitiu que grassassem e se avolumassem especulações. Assim, pessoas que desconhecem as manhas regionais, como o doutor Camarate, deveriam se dar conta de que adversários solertes da mudança da Capital para o Belo Horizonte estão de alerta a qualquer passo em falso que aqui se dê, e mesmo ao que não se dê, no intuito de interpor descréditos de toda sorte. E de que eu, vigário nomeado pela diocese e jornalista autoimposto a serviço da Freguesia da Matriz de Nossa Senhora da Boa Viagem, em seu exclusivo bem, não tenho interesse a não ser a elevação dos espíritos e a proteção das almas e dos corpos do Arraial do Belo Horizonte, que por amor adotei, aos perigos do avanço do progresso, encarnado em ádvenas positivistas, protestantes e maçons, ao contrário do dito arquiteto, já desistente da defesa das *regras do bom viver*, da *disciplina municipal* e do *calçamento digno*, anelada em seus jocosos artigos. Sendo o doutor Camarate maestro de obras musicais diante das quais tiro o chapéu, repito Virgilio: *non invideo miror magis*. Pois não o invejo, antes admiro, e lamento a sua preterição da missão maior da arte para voltar a se associar a amigos empreiteiros. Na instância, não difere do pastor Roberto Cooper Dickson, chegado nos cobres, como o nome indica, e afastado do desapego material por sua teologia, a bem dizer, teoria metodista, posta em prática.

O pastor, em seus propósitos financistas, não guarda dia santificado nem domingo, a exemplo daquele, ao fim do ano passado, em que, na companhia de três conhecidos negociantes sabidos, saiu a palmilhar o arraial em busca de bons lotes para adquirir e especular. Os vendilhões, Dickson, Belém, Monte Verde e José Macedo – "mais cedo" vindo de Ouro Preto para apurar onde brotaria o centro comercial da *urbs,* o abre-te-sésamo –, esquadrinharam os pontos cardeais. Quanto a mim, na recatada função de ministro da Santa Madre, não me imiscuo em negócios, muito menos nos do Estado, mas tenho mandado recados pelo jornal: a nova Capela do Rosário não vai ter sacristia, nem coro, janelas para os sinos? Não é de tifo a epidemia, é de progresso. Os governantes positivistas, respaldados por jornalistas positivistas, contrataram engenheiros, arquitetos, fotógrafos, técnicos, médicos, sanitaristas, funcionários, empreiteiros, todos positivistas. Embora republicano confesso, eu não professo nem rezo no catecismo de Comte, com base no qual abusam da ignorância dos operários, tendo todavia de engolir o anarquismo dos italianos, aos quais junta-se por vezes o Avelino, sabarense que conheci meninote, por volta de 78. Com a morte da mãe, solteira, fugiu do tutor, foi morar em Congonhas com a ama de leite, mourejou na mina de Morro Velho, acabou atuando na companhia de um ator norte-americano, o Keller, nos Quadros Vivos da Paixão. Tornou-se escritor, como o suposto bisavô, o grande Ugo Foscolo, também autodidata: *Anche la Speme, ultima dea, fugge i sepolcri: e involve tutte cose l'obblio nella sua notte...* cá tem estado amiúde em encontros literários com o João Lucio Brandão, também farmacêutico e escritor, a olhar de viés adeptos e obras do positivismo. No que concordo.

O estio

As chuvas e a secca

Foram uns mezes crueis para o povo desta localidade,
os de janeiro,
fevereiro e março,
por causa do constante e,
parece,
caprichoso aguaceiro que,
dia e noite,
desprendia-se de um céo nublado e plumbeo sobre a terra,
cortando as azas a muitas aspirações,
desconcertando muitos planos financeiros,
e causando muitos prejuizos a todos.
...
Mas,
felizmente,
esse mao tempo ja vae passando,
e o movimento,
a animação e a alegria,
de novo apparecendo,
e centuplicando-se.
– tudo nos leva a crer assim.
D'agora em diante,
cessadas as chuvas,
vamos entrar na mais bella e agradavel estação do anno;
e, portanto,
em tempo o mais proprio possivel para os serviços
da nova capital tomarem um desenvolvimento brilhante,
e que é de se esperar,
visto o que ja se tem feito nos tres mezes p.p.,
não obstante a herculea lucta das aguas.

Bello Horizonte

Fora de Aquário e Peixes

As chuvas e a secca

Os visitantes e interessados ja começam de novo a chegar
e a encher os hoteis;
milhares de mercadorias são despejados todos os dias na
estação
e o estridente sibilar da locomotiva,
a cada instante,
nos indica que tudo está em movimento,
e que os serviços de construcções progridem sem embaraço.
Vem,
benigna estação de flores e de alegria,
o povo está ancioso por ti.
Encerra as chuvas nos immensos reservatorios
das regiões ethereas;
mostra-nos o teu risonho céo de anil
e as tuas doces e amenas tardes com seus attractivos:
— é o povo que te invoca.

Bello Horizonte

Belo Horizonte, domingo
5 de abril de 1896

Passo a mão sob a valise, não para verificar se nela trouxe lama, mas o poeirão lá de fora, que se levanta a qualquer viração neste belo domingo de Páscoa. Só, desfruto o frescor do ambiente, abrigado da canícula que assola o arraial, o veranico que faz baixar a água das margens do Ribeirão Grande, inundadas até a fazenda dos Arrudas, das beiras de lagoas e lagoinhas, e vai secando os aterros da cratera abaixo da Boa Vista, das barrocas outras, a oeste, deixando poças e pocinhas na imensidão de terra revolvida pelos quatro cantos do Belo Horizonte. Cessou por fim o aguaceiro que atingiu sem dó nem piedade toda a cercania desde novembro, virou o ano e virou calamidade, danou a invernar, deu pausa por parcos cinco dias em janeiro, cinco esparsos em fevereiro, trégua abençoada no dia nove suficiente apenas para a festa de São Sebastião em Vila Nova de Lima, e provocou desbarrancamentos, acabando por bloquear as linhas da estrada de ferro Central, atrasando as entregas de cargas e do correio, regularizadas só no dia 15. Continuou renitente março adentro, perdurou até o fim do mês, intercalados em toda a quadra chuvosa oito dias de estio. Nas roças, arruinou o feijão, deixando esperança de colheita quando muito para o café, o milho e o arroz. Na cidade, prejudicou a Comissão Construtora, derrubou barreiras, levou na correnteza barracos, ferramentas, maquinário, aterros, pontes, carroças, animais de tiro, entulhou desaterros, espalhou lama, impedindo o trânsito nas ruas.

A chuvarada tirou o ganha-pão dos operários, socados em casa, desocupados, de mãos abanando, batendo pernas de nervoso. Desorganizou a tabela de prazos dos tarefeiros e empreiteiros, paralisou o comércio por falta de renovação do estoque. Em consequência, esvaziou os hotéis de visitantes e interessados. Sem falar nos particulares. E não é que não parou, tendo persistido ao fim e ao cabo por quase cinco meses? Eu ia já dirigir a Bemvinda, é o nome da criada que revi muito risonha nas últimas procissões, um comentário jocoso, de que só em abril o tempo abriu. Nem tinha percebido a sua retirada, atentei tarde para o tartamudeio que deve ter sido recomendação de que estivesse à vontade. Terá ela voltado para alguma obrigação interrompida e silenciosa, uma vez que nada ouço, tendo antes o cuidado de cerrar a folha da porta da rua, a despeito do que o interior continua claro, com as folhas das janelas abertas, o sol atravessa o pano rústico, revela o desenho aberto em crivo das cortinas. Um luxo, cá por estas bandas, não o americano cru, o algodão encorpado que reconheço, proveniente ali do Marzagão, da Companhia Industrial Sabarense, mas o fino tecido que forra, discrepante. As vidraças, mais as cortinas de renda transoceânica, recortadas pela sombra dos caixilhos, tudo raro no arraial de radicais janelas cegas e nuas, é que criam esta luz interior coada e chique: um brilho suave se desloca, aos movimentos dos meus olhos, por toda a forma perfeita, hoje, nem de longe a de um bisão, do Blüthner de armário, cujas células, os poros, as fibras, as curvas exemplares, uma fina laca negra selou e integrou, tornando-o um monolito vitrificado que atrai minhas mãos, as faz deslizarem, como se já estivessem sobre as teclas, pela tampa, que verifico não chaveada. Ao intentar levantá-la, estanco as unhas sob a baguete da borda.

Meu intuito é desfrutar um pouco mais o antegozo do que encontrarei no interior do instrumento, que o exterior, pela perfeição material e pelo requinte técnico, já anuncia surpreendente, mas esse é superado por um gozo inesperado que parte de outro extremo, das solas dos meus pés, sobe-me pelas pernas dentro das botas, ultrapassa os joelhos, alcança as coxas, frêmito a caminho das ilhargas, percorre sob a roupa a carne mole do ventre, os ossos do torso, retém o ar nos meus pulmões, descompassa meu coração com outros batimentos, atinge os músculos, os nervos e os tendões dos meus braços, irrompe para fora dos punhos da minha camisa escapados das mangas do paletó, escoa pelos poros eriçados até encontrar as polpas dos dedos, prorrompe e extrapola a jurisdição do meu corpo, pois que treme a madeira sob as minhas palmas, e só agora percebo que o *frisson* não é exclusividade minha nem de minha responsabilidade ou mesmo do piano, embora soem em quase melodia as cordas dentro da sua caixa e tilintem no telar superior os canutilhos de vidro pingentes dos candelabros simétricos: pois que batucam também o tal canapé de estilo e o tumultuado bestiário que o compõe, tremem as cadeiras austríacas, as de braços, as sem braços, a de balanço, os bancos e banquetas, enfim, o mobiliário, em que nem reparara de todo, que apreendo quase de uma vez, não tendo me contentado com uma visão só de esguelha, ao virar para um lado em noventa, para o outro em cento e oitenta e em mais noventa graus o rosto, liberando as mãos, levando junto o corpo no giro panorâmico da cabeça para a constatação frontal de que trepida o porta-chapéus e nele o meu próprio, e balouça o escaparate e do mesmo modo o bufê, o etagere, o dunquerque, a cristaleira e tudo quanto em torno se dispõe.

Periclitam cristais, louças e vidrarias divisados por detrás dos caixilhos bisotados, quintuplicados nos espelhos de fundo, chocam-se nas prateleiras e gavetas os conteúdos, que desconheço, alfaias, baixelas, faqueiros, serviços de mesa, prataria, chacoalham fruteiras e floreiras sobre a mesa elástica de jantar, convulsionam-se adornos sobre os tampos lustrados das mesinhas redondas de pés de galo, desequilibram-se objetos sobre os consoles de mármore, fonógrafo, candelabros com velas de Clichy, lampiões com grandes mangas de cristal, geme o carrilhão do relógio calendário de coluna, pendulam quadros, molduras com retratos, deambulam escabelos e escarradeiras, tudo, não há que duvidar, da mais fina e europeia procedência, tremelica em igual intensidade e frequência, toda a sala está ameaçada, quiçá toda a casa, apesar do amortecimento que poderiam proporcionar cortinados, alcatifas, almofadas, panôs, caminhos de mesa, toalhas e toalhinhas de crochê, bordadas, tricotadas, rendadas, franjadas, por toda parte espalhadas, se suficientes diante da vibração frenética, e é fator concreto do cataclismo uma das locomotivas do governo, das seis que servem na construção, batizadas com os nomes das localidades envolvidas na mudança, a Ouro Preto e a Belo Horizonte, mais as novas, a Juiz de Fora, a Barbacena, a Várzea do Marçal e a Paraúna; as duas primeiras, da inauguração do ramal principal, tracionam os vagões de passageiros, as demais arrastam materiais nos vagonetes de lastro, os Decauville, por sobre a rede de trilhos que corta agora todo o arraial, ligando-o às pedreiras nos arrabaldes, só que hoje se inaugura mais um ramal secundário, levando à do Calcáreo, nos contrafortes da antiga Serra das Congonhas no Espinhaço, finisterra de terrífico nome: Acaba Mundo.

O Deus nos acuda provém é do comboio que tangencia neste instante a casa. O vapor de terra, em missão excepcional, puxa o carro especial com os convidados. O matraquear, os suspiros e apitos abafam todos os sons gerados por antecipação. Vêm desligar as vibrações internas das externas, devolvendo o real, fazendo retornarem minhas capacidades cognitivas e desertarem as faculdades sensitivas. O que me é comum acontecer, condenado que pareço a estar dividido sempre entre a ciência e a arte, entre a razão e a sensação, tendo que me deslocar de um domínio ao outro por esforço próprio, com humildade e conforme exijam as circunstâncias. O que difere desta feita é que fui reconduzido por acidente ao mister que me trouxe e me fará voltar com constância, dadas as condições que já pude avaliar. Sei que terei tanto labor quanto a madeira do piano, que trabalha com a mudança de continente. A constatação racional que exige meu retorno torna-se um sentimento agradável a me perpassar, não me emendo, cantarolo baixinho, despercebido, a perspectiva é uma promessa de bem-aventurança e bem-aventurado é o café que recende e me vem ser oferecido, tendo tudo voltado à calma e ao equilíbrio. Bemvinda, sorridente, chega com uma bandeja forrada de renda trazendo bule, leiteira, açucareiro, chávena, quitandas, biscoitos, sequilhos, ainda bem que vem agora, teria derramado tudo, esperou passar o terremoto, deve atuar nos intervalos. Eu nem bem comecei o trabalho, já mereço a merenda, muito delicado da parte de quem recomendou a acolhida. Os patrões não se encontram, as moças, acompanhadas da Mademoiselle portuguesa, estavam jogando bocha com a menina à sombra da saboeira no Largo do Rosário, louçãs sob os chapeuzinhos de ráfia, três cromos de *La Mode Pratique*.

Os babados dos vestidos curtos floridos a cada movimento escapavam rebeldes dos aventais de *batiste,* os sapatos, para desespero da governanta, afundavam aos pulos que davam, ficando ainda mais amarelos, salpicando de lama as meias negras. Observei-as quando me parou ali no Largo o homem de sete instrumentos, arquiteto, músico, ex-inspetor do ensino no Imperial Conservatório de Música do Rio de Janeiro, pintor, também ornamental, de vasos cerâmicos de Caeté, jornalista, fotógrafo, analista de projetos da Comissão, hoje empresário, professor de piano e regente, o doutor Camarate, ou Disparate, como glosam os invejosos, quando não engrolam pérfidos um Camarote. Está ampliando a sua banda, ficou mais de mês no Rio de Janeiro e trouxe um oficleide e um hélicon, novos. O jogo interrompia-se, a caçula levara um tombo, elas puseram-se a colher folhas da grande árvore nativa, com as quais esfregaram as mãos da menina sob a água do chafariz, explicando à governanta que a espuma melhor se faz com os frutos na primavera, no que foram arremedadas pela meninada, *sabon-de-soldadô, sabon-de-macacô, sabon-de-soldadô, sabon-de-macacô...* Muito felizes pareciam para quem teve de trocar os canais de Bruges por um grande canteiro de serviços no fim do mundo, um formigueirão revolvido no lodaçal. A serviçal de categoria aqui exorbitante, absurda mesmo, Mademoiselle Félicité é a sua graça, tomou da ventarola a se abanar, enquanto o Menelick, de folga das entregas da Farmácia Abreu, media as distâncias entre as bolas graúdas de madeira e o *cochonnet,* bolim arisco mesmo feito um bacorinho. Nesse afã, o moleque ziguezagueava que nem azougue e quase que derruba o condutor de obras, o doutor Esquerdo, que muito direito lá vinha no seu reluzente velociclo, a freada brusca acabou em derrapagem.

O moço franzino e ágil calçou as botas finas, de cavalinho russo, em pleno barro, tendo de se haver com o guidão desgovernado e o chapelão de abas largas, que por pouco vai para o beleléu. Como para o beleléu foi o estado impoluto da sua sempre branca roupa, que restou respingada. O dândi de Porto Novo teve de desmontar do selim e encostar a Cleveland, em vão tentou se limpar. Para disfarçar, cofiou o bigode e ajeitou a gravata borboleta, abaixou-se para repuxar mais de dentro das meias-botas amarelas os meiões três-quartos para cima da bainha das calças. Em suma, recompôs o garbo e com um sorriso também amarelo partiu muito *poseur* empurrando o *velô* pioneiro, imprescindível ao pronto cumprimento da sua ininterrupta função, posto que um cavalo demandaria descansos, alimentação, cuidados e indispensável também ao seu sucesso de bom partido entre as moças. Não se foi sem antes admoestar o gandulo, que marcava os pontos com um graveto na terra, refrescava o quepe, alisava a fardinha de soldado da escola, que não dispensa nunca, e voltava, hipnotizado, às esferas magníficas de madeira, que mesmo roladas no barro, faiscavam, ilesas, de tão novas e polidas. Como este ovo, que só agora vejo, ainda não tinha posto reparo, o ovo de pau, perfeito como que posto por ave, ovo deste tamanho e tão adornado não sairia de galinha comum, nem mesmo de pássara ou de d'angola, por ventura gigantas, uma vez que não é liso nem pintalgado, é listrado, os veios bicolores desenham curvas caprichosas. Seria antes de nhanduguaçu, emão capaz de engolir um toco, no caso de pinho de riga, ou serragem do mesmo, ou então poderia provir de castor, que rói madeira, não, engano-me plenamente, ornitorrinco é o mamífero que bota, tem nadadeiras, bico de pato, mas não é pato, arre, reprimo-me por ter tais ideias, tão tolas.

Sandice minha desenvolver algo assim deveras insensato; impressionou-me tanto a notícia do Ovo de Colombo, enorme, branco, construído em 92 na cidade de Gênova como restaurante da exposição comemorativa dos quatrocentos anos da descoberta da América, que minha imaginação extrapola diante de qualquer forma ovoide, quando o que tenho objetivamente a fazer é recolher sob o banal objeto oblongo o bilhete que a criada me aponta, deixado por uma das moças, já posso ver pelo avesso do papel fino e perfumoso a caligrafia que reconheço das vezes em que o senhor pai dela, corpulento e bonachão, esteve na minha modesta oficina de lutiê para escolher e encomendar partituras, exclamando *que cosa essa!* sempre que deparava algo curioso. Encantou-se com a rabequinha encordoada com tripas de cuandu, lembrança da minha infância no mato que, pendendo pelas fitas coloridas do prego na parede me ensejou dar a ele uma demonstração detalhada de como na roça se afina sem diapasão um instrumento de cordas, acompanhei os gestos de palavras que escolhi bem, não propriamente estas, mas assemelhadas: o senhor imagine um morro, divise pois uma trilha cortando o capim pastagem acima e faz que nela vai um carro de boi subindo, naquela agonia, naquela toada, rangendo, *ooommm*, pois essa latomia dorida que o carro chora é que é o lá, assim faz o caboclo, depois do eito, à soleira do seu tugúrio, sob o beiral de pindoba, e aqui o operário vindo da roça, sem trabalho nas chuvas, para atacar as modas de viola, torce a cavilha, a corda de tripa vai esticando até arribar no tom certeiro, que nem o que tira a cantadeira no chumaço do eixo do carro, nem sei se foi entendido pelo industrial o método chucro do qual parti para chegar ao muito mais complicado que é o da afinação de um piano.

Tive de confessar ao doutor que enfrentarei dificuldades, que não me desanimam, antes desafiam, na manutenção do instrumento importado que exige ciência e ferramentas adequadas, sobretudo depois da tromba d'água que aqui aluiu como um castigo, as bátegas recalcitraram por mais de cento e vinte dias duramente contados, transbordando a imensa concha onde foi outrora plantada a semente do burgo em T, que desenvolveu braços curtos abertos para norte e sul e longa perna indo buscar o Sol nascente na Serra do Navio, cubatas humildes entremeadas de muros de barro que diz o doutor Camarate lembram os arruados da África Ocidental; no côncavo ficou fundeado o que restou soçobrado no lamaçal, o coração formado pelos fogos distribuídos pelas ruelas e becos, antes feliz, hoje magoado, sem sua gente; ali agora é barro só, alvadios como velas de embarcação emergem no Largo da Matriz apenas os dois campanários da igreja, o relógio mecânico na torre direita, mesmo desregulado, livra-a da demolição, já que o arcaico relógio de sol do adro se afogou; por pouco se criam barbatanas e guelras, fazendo jus ao Zodíaco, as madeiras restam inchadas, as teclas agarram, afundadas no teclado, carecendo de ajuste para proporcionar boa execução a qualquer peça, mesmo as de aprendizado, como o *Método Schmoll* e o *Czerny*, primeiros na lista do bilhete, devem destinar-se à menina Clara, a senhora dona Anna Catharina Sophia Clara não precisa deles, muito menos as senhorinhas Marguerite e Bertha, é desta a bonita assinatura, três nomes como os que eu próprio carrego, salvo que leves como asas de borboleta adejando flor, legítimos, cristãos de origem, adrede bem-escolhidos, não enfileirados às pressas em batismo tardio por frei velho e impaciente, em substituição a um só, diminuto e pagão, que eu gosto.

Si, nome que virou trinômio, Antonio Augusto José, ternário como tempo de valsa como é, muito apropriadamente, o nome de Bertha Adèle Thérèse. E também o de Marguerite Louise Clara. Assim, arremato o raciocínio, lamentando não ter ido mais longe na conversa com o engenheiro, o industrial, o usineiro, nunca sei como me referir com acerto ao doutor Joseph François Charles, não quis tomar o tempo de alguém tão ocupado, gostaria de ter contado a ele como foi que pardo, mameluco, mestiço, pude ganhar, no lugar de um nome de uma só sílaba, três outros alinhados como os de um fidalgo, em trinca, três, número mínimo para configurar uma série, mágico, místico e cabalístico, platônico, maçônico e positivista ou o que quer mais que seja, que acabou por me levar a um colégio tão afamado quanto famigerado, o educandário erigido nos altos ermos do lugar também nomeado com três termos, o Mato Dentro de Minas, o frei de Itambacuri conseguiu com os lazaristas de lá uma bolsa no colégio encarapitado no topo da pedra alta e longa como um gigante deitado de costas, que esconde um tesouro enterrado por um escravo e carrega uma ainda muito mais longa e pesada denominação, o Seminário da Imperial Casa de Nossa Senhora Mãe dos Homens da Serra do Caraça, escola destinada a meninos, rapazotes e rapazes abastados, vestidos de batinas três vezes ao ano trocadas por novas; teriam sido exclamadas as três palavras costumeiras, *Que cosa essa!*, quando espantado deveria ficar eu próprio, ora, onde já se viu, um reles puri, um pobre caboclo, um bom bugre como o de Jean-Jacques Rousseau, de cabelo escorrido, pé chato e calcanhar grande, a dar explicações tão comezinhas a alguém de tal envergadura, fabricante na Europa de locomotivas, carros para mercadorias e toda a espécie de material ferroviário.

A Société Anonyme des Ateliers de Construction, Forges & Acièries de Bruges tem estação própria na ferrovia para Blankenberghe, estaleiro em Saint-Pierre sobre o canal, duas usinas de manufaturas em ferro, cobre e chumbo que vão de parafusos, canos para água pura, servida e substâncias outras, rodas, eixos, a pontes de qualquer dimensão, vagões, vagonetes, barcos e saveiros, gasômetros, engenhos, centrais, estradas de ferro e quaisquer peças de até dez mil quilos em aço fundido pelo processo Martin Siemens, sob encomenda ou para compra no mercado mundial para importação e exportação. Tudo em tamanho vulto que justificaria publicar o reclame em jornais de maior circulação do que *A Capital*, entendendo o padre a insuficiência do *Bello Horizonte*, pois se trata de nada menos que dois mil e quinhentos quilos, e isso ao mês, e um capital social de um milhão de francos. Eu é que deveria exclamar *ufa! que coisa essa!* é muito para o meu saberzinho ter tamanha atenção da parte de quem lida com tão altas e complicadas cifras. Se próprio do gênero humano é almejar o avançado, o novo, e raro, o contrário, tocar para trás para aprender o simples, homem especial se mostra o doutor, lhano como sua terra, o *plat pays*, a Flandres, a qual antes eu só conhecia pela folha da qual se fazem de utensílios a telhados, que me presenteou na visita com algo engenhoso, peça que se adapta à trempe do fogão para assar o *gaufre*, tradicional iguaria belga, que eu experimentei fazer e deu certo: uma libra de farinha de trigo, meia de manteiga de vaca, uma colher de açúcar, uma de chá de fermento, oito ovos frescos, meio litro de leite. A receita vem gravada em relevo no exterior da tampa do vasilhame chato de ferro, fundido em duas partes iguais, em forma de flor, ligadas por dobradiça, providas de relevos no interior, pequenos troncos de prisma de base quadrada.

Eu untei com manteiga de vaca as duas bandas, sobre a inferior deitei a mistura, que se infiltrou por essa sorte de dentes, baixei a superior e levei por minutos ao fogo. Estando cozida a massa, retirei dali o artefato e, dado que na articulação das alças laterais é pivotante, a um toque o fiz girar, ao que se abriu e deixou cair pronto sobre o prato o *gaufre*, axadrezado e matizado como o tabuleiro da Nova Capital, salvo que, em vez de condenado a conter barro colorido que cá se tem em gama que vai do branco ao negro, deve receber manteiga, mel, açúcar, canela, creme, pasta, geleia ou qualquer espécie de *confiture* ou guloseima que sobre ele se queira espalhar, regar, deitar ou polvilhar. No meu caso, goiabada. E ora vejam só, não foi que assim o doutor belga achou de detalhar uma técnica vernacular para discretamente se igualar a mim e me deixar à vontade, muito gentilmente pretextando que quer divulgar por aqui o produto? Ficamos quites, ele disse. Com ele tenho podido exercitar o francês que aprendi a duras penas com os padres Dorme e Simon nos *morceaux choisis* das seletas e antologias do internato, a começar da ancestral canção de roda da Epifania que o *gaufre* me faz lembrar: *J'aime la galette, savez-vous comment? quand elle est bien faite, avec du beurre dedans!* Graças ao Colégio, posso retribuir ao menos com bom português e dia desses, se porventura houver interesse e oportunidade, vou lhe contar por que, quando, e como eu e mais cinquenta alunos pobres, onde *se adora o Deus da Eternidade*, pudemos aprender esses rudimentos, e demonstrar o poder que uma mudança de nome tem de alterar um destino, como aconteceu com o meu, quando tinha pouca idade e muita inocência, e que aconteceu com o do lugar em que estamos, cuja muita idade e relativa inocência está por hora e até segunda ordem suspensa.

Pastoral de grota

Dizem na rua...

Na nomenclatura dos prophetas,
por mais que procurasse,
não encontrei nenhum
com o meu nome indio
— Guaritá.
Nada;
nunca houve propheta de similhante nome,
até porque naquelle tempo ainda não se sonhava
com Colombo,
quanto mais com America.

Bello Horizonte
Guaritá

Itambacuri,
dia e mês esquecidos de 1880

O velho frei fala sozinho e balança a cabeça... *che cosa è questa, quale cosa è questa, un bambino "luthier", un bello di un liutaio, ha soltanto dieci anni, purtroppo senza battesimo, non puó chiamarsi Si, questo non è un nome, ecco, questo è una nota musicale, deve avere nome di uomo, come Antonio, Augusto, José...* cruza as mãos sobre o ventre, arregala os olhos redondos, aperta os lábios e me pergunta: Antonio, Augusto ou José? mirrado puri, eu titubeio tanto entre estes três nomes para substituir na pia batismal o diminuto Si que recebi da minha mãe, Araci que virou Aurora, que o carcamano perde a paciência, enfileira-os com sua fala chiada e acrescenta o sobrenome dos meus padrinhos que arranjou ali mesmo entre a gente cristã da pedreira dos coqueiros, a paragem do Itambacuri, e trata de arrematar a cerimônia, que deixa gotas d'água no meu rosto cor de cuia e gosto de sal na minha boca miúda, meus ombros franzinos encolhem-se sob as manoplas empurrando-me sacristia adentro, *vieni qua, ti farò una sorpresa, una canzone que o piá non conosce,* diz, chamando os demais com um aceno, e põe-se a girar a manivela da caixa com a flor de lata em cima. Sons conhecidos enchem a capela, sons da grota, do areal, da água escorrendo nas pedras, do vento nas folhas da mata, dos bichos, dos passarinhos, música que conheço, sim, e muito bem, surpresa é que ela veio parar na geringonça, mas é surpresa ruim. O velho estufa o peito, *Pastorale di Beethoven.* Si quer fugir, Si está triste.

Si está triste, a grota está triste, a água está triste, a mata está triste, tudo está triste, os bichos estão tristes, os passarinhos estão tristes, até os espinhos estão tristes. Quando cato na margem do areal os cavacos para as rabecas, ouço sons que são feitos sem precisar de nada, de coisa nenhuma, de ninguém, só de vento, água, bicho e passarinho... agora tiraram a música de onde ela sempre esteve, ficou tudo calado, a mata, as pedras, o areal, os guaritás espinhudos, o pé de gaiubim debruçado na margem. Alguém foi lá na grota, só pode, roubou os sons e os prendeu dentro da geringonça e trouxe para a capela, onde estou sem ar no meio de coisas sem vida, destas flores mortas e velas acesas pingando sebo e desta gente vestida de ouro, carregando curumins nos braços e coisas nas mãos, coroa na cabeça, rei e rainha, pacuera sangrando, vintém no pé, os meus olhos estão marejando, brilhantes de lágrimas, mirando o vazio como os olhos da gente muito quieta dentro de suas locas ricas. Por que além de ficar sem a música da grota tenho de carregar de hoje em diante, tantos sons no nome? Antonio e Augusto e José, as coisas complicaram muito, e não é só isso de mudar de nome, o frei quer que eu estude, aprenda nos livros *as letra, almeno as primeira, e as nota musicali, tutte, son ton poca, sette, come i colori dell'arcobaleno, e os numero, diece, eco, come la tua età e come os dedo das mão e dos pé.* A música acabou, o frei pega o arco e a rabeca, que eu, minha mãe e meu pai consertamos na maloca no meio da selva e viemos trazer. Ele conta em voz alta as cordas. Uma, duas, três, quatro, faz soar as tripas, cantando as notas, *Sol, Ré, Lá, Mi... però, Si è nome di nota!* não, senhor, Si não é nome de nota, é nome de bico do passarinho que beija flor, guainumbi. Si quer ir embora correndo, a voar com asas de guainumbi.

108

Voar com asas de guainumbi sem parar um instante nem para meter o bico em flor de verdade nas seis léguas do caminho, ir depressa ouvir o córrego das Macaquinhas cantar e saber se os sons foram roubados de lá, colégio é sapato de sola, é deixar a grota, o areal, a água, o mato, a arvorezinha de saíra bicar fruta vermelha e guainumbi bicar flor branca, o pé de gaiubim na margem, guaçatunga, pitumba, pióia, saritã, o povo branco batizou de marmelinho-do-campo, língua-de-tiú, erva-de-bugre, bugre-branco; bugrinho-branco vai demorar a chegar, está tudo pesado, cabeça, ombro, joelho, pé, agora é Antonio Augusto José, se ao menos Si soubesse se voam essas coisas que tem de levar como nome. Queria virar Guaritá, espinho, para espetar o frei, Si gostava tanto de ser bico comprido de passarinho que bate as asas tão depressa que ninguém vê, que vai e vem, que vem e vai, para frente e para trás, para trás e para frente, chupando o mel das flores no pé de marmelinho até cair quieto, sem fazer barulho nenhum no peito, feito morto, mortinho, do jeito que ouve a preta velha da tapera da capoeira rezar:

> *Bico*
> *Tiririco*
> *Quem te deu tamanho bico?*
> *Foi Deus Nosso Senhor*
> *Ele vai*
> *Ele vem*
> *Ele traz seu vintém*
> *Sola*
> *Sapato*
> *Rei*
> *Rainha*
> *Vai dormir no marmelim!*

Agnus Dei

Por montes e valles

Uma grande massa de povo,
em que avultavam as mulheres quase todas vestidas de branco,
que se tornava solemnemente azulado,
por um luar de uma ostentação tropical.
O céo limpido,
profundamente ceruleo,
estava recamado de cintillantes estrellas,
e aquella serpente humana,
picada por cintillações de pontos luminosos,
ondulava muda pela extensa rua.

Minas Geraes
Alfredo Riancho (Alfredo Camarate)

O extenso desfilar das irmandades com suas opas,
conduzindo as cruzes,
os tocheiros e os ciriais;
o som da musica triste e das matracas lugubres;
as duas alas illuminadas dos fieis e tudo aquillo
sob o palido lactecente de um luar fantasticamente bello,
de lua cheia,
imprimia um cunho de profunda tristeza nas solemnidades
da penultima procissão do Enterro que se realizou no arraial
do Bello Horizonte.

Abilio Barreto

Belo Horizonte, domingo
5 de abril de 1896

Meu muito caro irmão Frédéric, como vai você? Em casa, todos bem, embora sentindo muito sua falta. Eu espero que você vá bem de saúde e nos estudos. Seria tudo melhor com você por aqui. Não vejo a hora de você vir. Até que enfim a chuva parou, estou usando o para-sol que vovó teceu. O piano já vai ser consertado. O afinador veio hoje antes da missa, fez o rol das peças a serem trocadas e das partituras para trazer quando for ao Rio de Janeiro. O arraial está animado com a Semana Santa. Os atos começaram no sábado com a procissão do Depósito das Imagens. No domingo, foi a de Ramos. Na tarde do Jubileu, Quinta-feira Santa, Nossa Senhora das Dores voltou para a Matriz da Boa Viagem, enquanto Nosso Senhor dos Passos voltava para o Rosário. As duas procissões, os sinos da igreja e da capela tocando ao mesmo tempo, levaram os andores até o lugar do Encontro, diante do púlpito montado na Rua General Deodoro. Anoitecia, quando o padre fez o sermão, lamentando que um dos quatro Passos da Paixão já tinha sido posto abaixo. Bemvinda, que ele indicou para trabalhar em casa, é de um lugar ainda menor que Belo Horizonte, nunca tinha visto os Quadros Vivos e desatou a rir durante a encenação. Ela disse ter ouvido uma das senhoras (que se esqueceu de tirar os óculos, uma contradição, não é?) perguntar baixinho a Jesus: *Não és o Salvador? Pois então, salva-te a ti mesmo!* Você crê? Ela ainda ria, repetindo o disparate, quando nós seguíamos para o Lava-pés na Matriz.

Na Sexta-feira Santa, a Lua cheia iluminou a noite, a mais bela e também a mais triste aqui no Brasil. Todos da família, com Mademoiselle Félicité e Bemvinda, acompanhamos a procissão do Enterro, que durou até a meia-noite. Você não faz ideia de como foi pungente, uma multidão, papai calculou mais de três mil pessoas, moradores, engenheiros, arquitetos, desenhistas, médicos, operários, mais os que vieram dos arredores, com suas famílias, em duas filas formadas, uma só de homens, outra só de mulheres, caminhando devagar adiante e atrás do esquife do Nosso Senhor Morto. Quase todos levavam terço e vela acesa na mão, as mulheres de véu na cabeça, e de quando em quando todos cantavam. Alguns tons muito agudos e lamentosos se destacavam nos cânticos entoados, as requintas, me explicou Bemvinda, que a toda hora me recomendava atenção com os brocotós, os buracos abertos na terra ainda úmida da chuva, abafando o riso com a mão livre quando alguém resvalava neles. Todas as vozes baixavam e se deixavam morrer à entrada da matraca sinistra do Honorio sacristão, ou do som da banda em formação, a Carlos Gomes do doutor Camarate, que executou marchas fúnebres em compasso aterrador. Os membros das irmandades de opa, separados por guiões vermelhos, levavam cruzes, tocheiros e ciriais, e marcavam os passos batendo forte o pé direito no chão. O que me impressionou foi o canto da Verônica mostrando o véu com a imagem da Sagrada Face. Li no jornal que em Paris os fotógrafos pretendem fazer um plebiscito para que essa santa seja a padroeira da profissão, você leu alguma coisa sobre isso? Por falar nisso, gostaria de ter fotografias de vovô Joseph e de vovó Julie, pois só temos aqui as de vovô Ferdinand e vovó Sophia. Você poderia olhar nas caixas que ficaram aí e mandar para mim?

Ainda não comentei o *Almanach Hachette* deste ano, que eu agradeço mais uma vez. Muito interessante o capítulo sobre fotografia animada, aparelhos cronofotográficos, fotoscópio, kinescópio, etc... Já foi um enorme avanço terem introduzido as fotografias no almanaque, entretanto elas são ainda em pequeno número e retocadas, mais parecem desenhos, você notou? A maior parte das ilustrações continua sendo mesmo em gravura. Como as cenas do barco pneumático de M. Layman, fornecidas por ele mesmo no capítulo sobre grandes descobertas, pequenas invenções e curiosidades, você se lembra? São umas botas longas de borracha, vestidas ao modo de calças, arrematadas por uma câmara de ar circular em volta da cintura e presa aos ombros por suspensórios. Nas vinhetas, caçadores caminham dentro d'água com espingardas usando o aparato, que um deles encheu de plantas à guisa de um vaso para se disfarçar e não ser percebido pelos patos. Tem modelos para mais de uma pessoa na mesma câmara, tem até para uma família mesmo. Podem ser compradas em New York. Imagine nós usando um desses no canal! Cômico! Eu adorei os belos *affiches* coloridos! Fazem as coisas parecerem de verdade! Eles me deram vontade de provar dos licores Cusenier, de cada uma daquelas cores, de tomar um consomê de carne de boi L'Excellent, de iluminar meu quarto com a lâmpada a petróleo L'Éclatante para me ver no espelho do psiché portando o belo chapéu de *La Mode Pratique*. Soberbo! Artigos assim, aqui só por um milagre. Ontem, Sábado da Aleluia, foi a Malhação do Judas. Um espantalho feito com roupas velhas cheias de palha de milho foi levado ao Largo da Matriz e ali todos o açoitaram aos gritos, depois o queimaram com o chapéu e tudo em uma grande fogueira, sob estrondos de foguetes.

Hoje, na procissão da Ressurreição, o padre pediu às famílias que mandem seus filhos ao curso de catecismo que vai dar em sua casa, junto à Matriz, todas as quintas e domingos, das cinco da tarde às sete, começando dia dezenove. Mamãe vai mandar Clara, para que ela conviva com outras crianças e aperfeiçoe seu português. E, para que ela não se esqueça do francês, ela lhe pede que também olhe nas caixas dos nossos livros de estudo alguns que podem servir para ela nesta idade, como *L'Année Préparatoire, Cours Élémentaire* e *La Première Année, Cours Moyen, Éducation, Instruction, Civisme*. E é para você comprar este, que não temos, é mais recente: *Premier Livre de L'Adolescence, Exercices de Lecture et Leçons de Morale à l'Usage des Écoles Primaires*, da Librairie Hachette. É um livro de formação cristã, ilustrado com pranchas ilustradas com gravuras, que Madame Olivieri adota, e pode ser mandado pelo serviço postal com facilidade, é fininho e de capa dura. Mademoiselle Félicité já está sem o que passar para Clara. Já saiu algum número de *La Mode Pratique* dos bônus? Caso já tenha algum em mãos, eu lhe peço me mande, será muito útil, pois eu estou para fazer algumas roupas com uma modista italiana muito boa, Madame Papini, mas sem noção do que está agora na moda. Eu sinto muito a sua falta. Eu peço que me envie uma fotografia nova sua, pois eu quero mostrar a umas amigas que eu fiz aqui como é o meu muito bonito irmão, que deve estar muito mais alto agora. Papai, que quase me deu um cavalo, está pensando em importar três *bicyclettes* para nós. Eu adoraria o cavalo, mas os *velôs* serão mais práticos. Diga a nossos tios que nós estamos ótimas no jogo de bocha. Foi uma excelente ideia. Eu fico por aqui, me mande logo notícias suas. Beijos, Bertha Adèle Thérèse.

Via Sacra não, Via Lactea

Por montes e valles

Ouropema ou mouro-prema,
esta janela,
da qual não existem no mundo,
exemplares intactos,
a não ser no Estado de Minas,
modificada no tamanho, nas proporções;
...

Minas Geraes
Alfredo Riancho (Alfredo Camarate)

Belo Horizonte, segunda-feira
6 de abril de 1896

Agora, que o tempo firmou, passeio à noite, seguindo conselhos de Alexandre Dumas pai, que o vigário publicou em fevereiro, tão úteis que achei por bem pregar atrás da porta do meu quarto, junto da folhinha de Mariana, *caminha duas horas por dia, dorme sete horas por noite, deita-te sempre só, logo que tenhas vontade de dormir, levanta-te logo que te acordes, trabalha logo que te levantares*, e é o que tenho feito, o cavalo que o doutor De Jaegher queria e eu, sem saber, também tinha botado o olho, o médico baiano, mais decidido, acabou comprando. Melhor, gosto que minha alma se solte e *a outra*, como Platão chama a matéria, ou *a louca*, como Xavier de Maistre chama o corpo, me leve a esmo. Assim, deixo animado o café servido no bule de latão, a bandeja corre para quem estiver na farmácia do seu Theodoro às ave-marias, impontualmente às sete badaladas do relógio da torre direita da Matriz, pois não regula, a qualquer hora da noite ou do dia dando ojeriza ao doutor Camarate, que em suas crônicas já execrou o desinfeliz que o fez, o ferreiro, por si próprio e com toda a razão alcunhado Manuel das Infelicidades. Estava então chegando do Escritório da Comissão importante retardatário, o doutor Joseph. O industrial quer ser tratado pelo primeiro nome, à brasileira. A ele dei satisfação do andamento do trabalho da afinação do piano iniciado ontem cedo, quando foi uma pena nos desencontrarmos, estava já partindo o trem da visita ao Acaba Mundo, ouvi quando passou ruidosa a locomotiva.

Despeço-me, estava de saída, já tinha tomado meu café; *come o que te baste para matares a fome, bebe o que te baste para matares a sede, e sempre lentamente,* proseado um bocado, *não falles senão quando fôr preciso, e não digas senão a metade do que pensas: não escrevas senão o que puderes assignar e não faças senão o que puderes dizer,* sigo a Rua do Saco, enveredo pelo Beco da Chácara do Sapo, o casario fica para trás, *não te esqueças nunca de que os outros hão de contar comtigo e que tu não deves contar com elles,* chego aos charcos onde se forma o Parque, ouço o coaxar das rãs, a cantoria dos grilos, o bedelengar dos cincerros e gongolôs nos pescoços dos animais soltos pelas charnecas, que soa metálico e regular como moedas sendo contadas, *não estimes o dinheiro em mais nem menos do que ele vale; é um bom serviçal e um mau senhor,* chego à ponte, desisto de ir até a Fonte Grande e volto para a Rua do Rosário, aspiro o húmus dos pomares, o odor das esponjeiras, das trombetas roxas e brancas, beladonas, agora fechadas, que dão brilho aos olhos das moças nos bailes, a casa dos quatro muxarabis me transporta para as arábias, atrás do reticulado das ouroprema bruxoleiam luzes mortiças, agitam-se gazes imaginárias, *livra-te das mulheres até aos vinte annos, foge dellas depois dos quarenta,* paro no Largo da Capela, ao longe, cruzando o breu, compõe-se a dança das mil lanternas entre os casebres dos operários no Leitão e na Favela do Alto da Estação, subo pela Rua da Boa Vista a cogitar, *não comjectures sem saber bem em que tu te mettes, e destroe o menos possível,* não levo lume, *não emprestes dinheiro, dá-o...* trambolhono sobre uma rocha grande, não pertencente às categorias que o doutor Camarate desfia, classificadas pelos calceteiros de Paris: nem *pif,* pedra muito dura, nem *paf,* própria para calçamento, ou *puf,* mole que nem a nossa pedra sabão...

Embora macia, tal pedra não pertence ao reino mineral, tem calor próprio e se levanta, desengonçada, muge e some com passos abafados no negror do Beco do Sapé, *perdôa de antemão a toda gente, para mais segurança*, e também às pedras semoventes, posso acrescentar, a Lua está vindo por sobre a serra, halo perto, chuva longe, *não desprezes os homens, não os odeie tampouco e não te rias delles em excesso, deplora-os*, subo até o lugar da milagrosa capelinha de Santana, posta ao chão, ali também não se divisa mais o longo muro baixo de taipa e as catorze cruzes da Via Sacra campal despontando lúgubres, que nem cemitério, iludindo os viajantes. De antigo, só resta a Via Lactea sobre a esplanada onde foi o Alto dos Lobos, *todas as manhãs vendo de novo a luz e todas as noites, quando adormeceres, pensa na morte*, é o que faço e farei sempre, trago o colégio interno em mim, *quando estiveres soffrendo muito, olha frente a frente a tua dor, ella propria te ha de consolar e ensinar-te algo*, quanto medo antes, quanto medo depois, quanto milho debulhei para me ajoelhar em penitência, *esforça-te por ser modesto, te tornar util, viver livre, e espera, para negares Deus, que te tenham provado a evidencia de que elle não existe*. No escuro, ouvindo os uivos dos guarás, os meninos a ressonar, a tossir, a murmurar em sonhos, revia a disposição das camas. Acompanhando os quartos de hora do carrilhão, percorria em pensamento a longitude dos corredores. Aos toques dos sinos, adivinhava na torre o ruflar de asas e seguindo o voo cego dos andirás a riscar céu, as nuvens, a cara da Lua, o brilho dos astros, o ruço das nebulosas, eu via as agulhas do Santuário, o claustro, as camélias no jardim, o relógio de sol, o belvedere, a casa das Sampaias, as quatorze cruzes do Calvário, a pedra do Imperador, eu estava lá no dia da queda de Sua Alteza Real, mas não vi.

Eu sobrevoava os vilarejos, São João Batista do Morro Grande, Catas Altas e Santa Bárbara, ambas do Mato Dentro, e não podendo ver a pedra que eu queria, a dos Coqueiros, meu Itambacuri, vagava pelos picos, Carapuça, Beiço do Diabo, Cara, Bocaina, Peito, Verruguinha, todas as partes do Gigante deitado eternamente em berço esplêndido, a campear em que intimidade do seu corpo jazia o tesouro enfurnado por um escravo. De tanto divagar, não conseguindo conciliar o sono, começava a rezar o Pai Nosso nos idiomas que conseguira decorar dos duzentos e cinquenta do *Oratio Dominica*, começava do latim, *Pater noster qui es in caelis*, ao finalizar, *et ne nos inducas in tentationem*, passava para o italiano, pulava para o português e, ao chegar à palavra tentação, nua e crua, posta na ponta da minha imprópria língua, sopro entre os lábios, a descobria no meu corpo: ficava então entre rezar e pecar.

Se a carne não é forte,
e o sangue quente
desmente a morte
meu desejo ingente
detende, Senhor,
descei o forcado
se este o caso for
ou liberai do pecado
o que é tão bom
o braço é na medida!
concedei-me esse dom
ou impedi minha lida
por divino mandamento
ou por libelo régio
livrai do tormento
o interno de colégio

Acaba Mundo, cosmos e carrapichos

...
houve também uma linha férrea urbana
que subia da Praça da Estação pela Avenida Amazonas
e ruas do Espírito Santo,
Aimorés e Bahia até à Praça da Liberdade
e daí prosseguia pelas Avenidas Cristóvão Colombo
e de Contorno e pela Chácara Dolabela,
em direção à grande pedreira do Acaba-Mundo,
...
E por essa linha férrea urbana
se transportaram passageiros,
cargas,
bagagem
e até mesmo tôda a **quiba** *das mudanças dos funcionários*
vindos de Ouro Preto,
em 1897
...

Nelson de Senna

Belo Horizonte, segunda-feira
6 de abril de 1896

Tendo notícias do piano, deixo logo a farmácia, volto para casa a pensar no discurso do doutor Bicalho ontem cedo na inauguração do novo ramal férreo, que me interessa diretamente. O Engenheiro Chefe, à frente do Escritório, sendo um preposto do governador, uma espécie de prefeito por aqui, com ideias próprias e quase plenos poderes, tem reiterado amiúde que o Estado deve ir em socorro da atividade privada, a própria Comissão devendo se tornar fornecedora dos particulares para que obtenham preços sem competência, materiais de que carecem a custos reduzidos, pois o interesse privado, matéria que ajudou a afastar seu antecessor, o paraense autor do projeto, muito rígido discípulo de Auguste Comte e dedicadíssimo de corpo e alma ao seu mister a ponto de tornar-se um empecilho, volta a se impor, é a realidade se sobrepondo ao sonho, todavia a observação ouvi de outros, porque o doutor Bicalho não referiu o fato, é claro, nem na conversa posterior, foi discretíssimo, falou de outros assuntos, talvez para não aborrecer Anna Catharina, que me acompanhou. As meninas ficaram, entusiasmadas em estrear a bocha, só praticável com o estio, tinham se contentado com o gamão, na chuva, não quiseram mesmo ir, ao contrário das senhorinhas locais, para quem certamente o trem é ainda uma novidade, que invadiram alegres o carro de passageiros, arriscando os vestidos vaporosos ao se movimentarem irrequietas por entre as poltronas de vime.

A composição passou em frente de casa e logo que ela chegou ao Largo da Liberdade partiu, eram sete da manhã. Subindo as terras banhadas pelo córrego Acaba Mundo e os afluentes Ilha e Gentio, ela contornou o morro próximo à Lagoa Seca e o venceu em ziguezague até atingir o destino, a Pedreira do Calcário, no recôncavo do Acaba Mundo, ao pé da serra do Curral, ali intransponível. Nós apeamos ao fim da linha, onde estavam pilhas de pedras de mármore sanguíneo já cortadas, prontas para o embarque. De lá, nós pudemos desfrutar a vista da capital, o Palácio, as Secretarias e a Imprensa despontando do tímido casario do arraial. O passeio a pé se estendeu pelos arredores, as moças saíram a colher flores e voltaram carregadas dos cosmos cor de laranja tão apreciados por Bertha. E também de carrapichos, grudados aos montes nos barrados das saias. E todos nos ressentimos do sol forte, apesar dos chapéus e para-sóis. Às dez horas, o trem retornou, depois do café oferecido pelo doutor Prado Lopes no pequeno posto pré-fabricado de madeira da Comissão, junto ao desvio no fim do ramal. Eu me viciei na bebida, uma bandeja é passada a todo momento e a qualquer pretexto. Em casa já se estabeleceu o hábito. Anna Catharina, antes de partirmos para o passeio, recomendou a Bemvinda, a moça está se saindo muito bem nos trabalhos domésticos, que fizesse um café reforçado para receber a contento o afinador. Eu encareci que fossem repetidas as receitas do dia da enchente, que deram ótimo resultado, a dos bolinhos de chuva dos chineses da Estação de Santo Antônio e a dos biscoitos amanteigados, novidades de sabor peculiar que todos em casa estranharam, mas apreciaram, acostumados que estamos só com quitutes feitos de trigo, cevada, centeio, aveia e farinha de castanha.

Nós já provamos de todos os tipos de farinha do Curral, a de milho, de que também se faz o fubá, a de araruta, da raiz de mesmo nome, e a mais famosa aqui, a de mandioca, produzido também o polvilho doce e o azedo, cada um para um tipo de quitanda. Bemvinda diz que o azedo faz crescer mais a massa e o biscoito fica mais branco, porém, não sendo especificado qual deles usar na receita, ela se decidiu baseada na experiência. O senhor Antonio Augusto José contou a ela que já fez o *gaufre*, parece ter dado certo, cobriu com geleia de goiabada, que é muito saborosa. O afinador é um homem interessante, porque interessado em tudo, me entendo com ele sem esforço, posso me expressar em francês quando me falta alguma palavra do português, assim como com o padre. Curioso, ambos mestiços, um índio e um negro, os dois muito musicais, inteligentes e preparados, salvos da pobreza pela sorte de terem passado pelo seminário, e celibatários, o preço que têm de pagar. O afinador poderia estar casado, mas não parece ter compromisso. Tem perguntado a mim sobre os Ateliers, onde ficam, de que tamanho são, como funcionam. Como eu devo encomendar ao Alfons Watteyne, em Bruges, algumas fotografias do estaleiro durante o fabrico da ponte que eu e meu sogro estamos construindo para a Holanda, eu recomendarei que me mande mais cópias. Eu aproveito a ocasião, pela liberdade que temos, para lhe pedir a gentileza de incluir algumas cenas dos cisnes nadando por ali nas águas do canal. Bertha quer ter uma recordação da cidade com tempo bom e céu aberto. Não é o assunto dele, mas não vai lhe dar muito trabalho, ele não terá que se deslocar com o equipamento. Eu penso que ele não me negará o favor, afinal, além de termos negócios, nós fomos companheiros na juventude.

Durey-Sohy e parelha em marcha

Ha em nosso Parque innumeras palmeiras
e outras arvores que foram para ali transplantadas
por meio do carro
Dury Shoy,
conseguindo-se assim um parque moderno,
arborizado com arvores antigas
vindas de diversos pontos
do arraial.

Abilio Barreto

Como vi nascer Belo Horizonte

Uma bela tarde,
na hora do ocaso,
despertei bruscamente dos meus sonhos através do crepúsculo
com os gritos de socorro das primas,
no interior da casa.
Atendendo-lhes ao apelo,
encontrei,
na sala de jantar,
as primas correndo em volta da mesa
e executando uma dança grotesca de S.Vito;
e a tia dançava também.
Que havia acontecido?
Os trabalhadores haviam começado,
de manhã,
a derrubar as matas da redondeza

Charles Lachmund

Belo Horizonte, segunda-feira
27 de abril de 1896

De antanho, o povo morria no leito em que tinha nascido, tendo ouvido, fora os sons da natureza e dos artefatos rústicos, só toques de sinos, de relógios, de instrumentos da banda e, quando muito, a fanha de um único piano, a que irritou Olavo Bilac ao atravessar o silêncio da noite matraqueando como um trem antes que aqui passasse algum. O poeta foi o primeiro jornalista a vir, ainda a cavalo, nos dias da vitória do Belo Horizonte, para apurar que características tinha o lugar, e o que ele tinha, além do torturante instrumento, que nunca consegui afinar, era a Matriz, duas capelas, a Via Crucis, a gente pacata em suas casas, roças, e criações, com carroças, carros de boi, arados, monjolos, moinhos d'água, engenhos e, mais retirados, os curtumes, a fábrica de ferro e, adiante, a de tecidos, com turbina tocando cem teares e dínamo acendendo vinte lâmpadas. De lá para cá, nesse breve tempo, com as pessoas de fora, vieram, como diz o outro, as mortes matadas. E ao desabrigo: o padre foi chamado para encomendar mais um defunto encontrado decomposto na Rua de Trás, esse não-identificado, o crânio rachado por machado, achado com sangue, dentro de cafua, perto. E a freguesia, cortada por trilhos, é percorrida por locomotivas, seis estatais, duas do tipo americano e quatro da marca Consolidation, mais a particular, Baldwin, adquirida pelo Conde Santa Marinha para a extração no Morro das Pedras, pequetita, de apito estridente, por essas feminices apelidada de Mariquinha.

O arraial dispõe hoje de dois postos de telégrafo, o nacional, na parte alta, acima ainda da casa do doutor De Jaegher, para o sul, na Rua da Boa Vista, e o da estação do ramal principal, na baixada. E de setenta linhas de telefone, no centro a cargo do senhor Lynch, com aparelhos Williams instalados no Escritório e postos da Comissão, nos negócios e casas. Além dos dois jornais com impressoras próprias, a Liberty, a pedal, do *Bello Horizonte*, e a Marinoni, a vapor, do *A Capital,* acionada pelo João Batista dos Oculos, trazida pelo coronel Bressane de *O Movimento*, em Ouro Preto. Fora os aparelhos e máquinas de vária sorte distribuídos pelo Observatório Meteorológico, pelo Gabinete Fotográfico, pelo galpão da Serraria, pelos serviços e oficinas de topografia e de terraplenagem. Dentre teodolitos, macadames, serras e locomóveis, estes tantos que já se revendem, inclua-se o *velô* do condutor de obras. E o fonógrafo posto a funcionar por alguns dias na Biblioteca da Sociedade Literária da Comissão, em audições de quatro peças, a quinhentos réis para mulheres e crianças e a mil réis para homens, também nas sessões exclusivas. Quase ninguém conhecia. O doutor De Jaegher tem um bem moderno, vi em sua casa. De minha parte, já tinha ouvido um dos primeiros do Brasil, trazido da Itália pelo frei de Itambacuri. Para um bichinho do mato que eu era, foi uma aberração, como é para o adulto que sou o *charriot* de transplantar árvores, comprado pelo jardineiro francês da Comissão, o arquiteto Paul Villon, no fim do ano passado nos Estabelecimentos Sohy, em Paris. Custou a bagatela de quatro mil francos. Veio no vapor Wartburg, via Anvers. Chegou do Rio de Janeiro pelo trem. Atrelado a uma parelha, foi manobrado pelas ruas, a molecada correu atrás. Está junto da palmeira que estorvava o desaterro.

Durey-Sohy é o nome que vem gravado na placa de metal da trave lateral. Os tarefeiros o firmaram com estais para que não se mova. Escavaram a terra em volta da raiz, abriram pelas dobradiças o tabuado ao meio de modo a envolver o tronco, por precaução correram dois cabos como guiões no topo, que os quatro cachos apinhados de cocos perigavam a estabilidade, podendo fazê-lo encabeçar de vez, e o guindaram pelos molinetes dos quatro ângulos. Palpites de entusiasmo e descrédito dividem os que se ajuntaram em volta. Terminada essa primeira parte da operação, e já descalçados os estais, o carro agora liberado pega o rumo do Parque, pois cumpre-se à risca o projeto do doutor Aarão para a Capital: árvores indígenas ou exóticas. Nos viveiros da Comissão, cultivam-se mudas de plantas nativas, as sementeiras incluem bagas colhidas pelo próprio doutor Villon na saponária do Largo do Rosário. A natureza do lugar deve ser mantida, mas só na arborização, parece, pois no mais foi desrespeitada desde o começo das obras. E reagiu: no ano retrasado, quando se foi abrir a avenida mestra, ao desmatarem uma capoeira, destocaram junto os ratos, que saíram aos montes, invadindo ao crepúsculo as casas próximas. O chefe da Seção de Topografia hospedava o pintor Frederico Steckel, a esposa, as filhas e o sobrinho, Charles Lachmund. Estavam todos reunidos para o café da ceia quando a cozinha foi invadida pela rataria. Moradoras, serviçais e convidadas gritavam e pulavam de terror, os bichos tão espantados quanto elas estavam descontrolados, saltavam, corriam por todos os cômodos, metiam-se dentro, atrás ou debaixo das camas, dos armários, guarda-roupas, criados-mudos e até dos urinóis. Os hóspedes passaram a noite em claro e partiram no dia seguinte cedo de volta ao Rio de Janeiro.

Senhor e Senhora da Boa Viagem

Por montes e valles

Cavallos magros e esguios,
como rocinantes quixotescos,
faquinhas *de marca miuda,*
que arrastam pelo chão seis pés de cavallo e cavalleiro;
sendeiros,
já em gozo de jubilação,
mas trazidos de novo à actividade do serviço;
pangarés *desconjuntados e descoordenados na andadura,*
e que infligem ao picador as torturas da perneira;
burros desbarrigados
pelo pouco exercicio dos queixos
e excessiva gymnastica das pernas;
jericos impalpaveis,
microscopicos e intangiveis;
alimarias de todo o molde,
configuração e côr de pello;
tudo aqui chegou a preços fabulosos
de corcel
de puro sangue.

Minas Geraes
Alfredo Riancho (Alfredo Camarate)

30$000

Fugirão ou foram furtarão
da Floresta em Mattozinhos
uma besta grande,
idoza,
vermelha clara,
com o ferro C no quarto direito
e N no esquerdo,
e um cavallo russo cardão,
pequeno,
marchador,
sem ferro,
cascos brancos e clina repartida.
Gratifica-se com a quantia acima
a quem der noticias certas
ou entregal-os no hotel Lima,
nesta cidade.

A Capital

Belo Horizonte, sábado
15 de agosto de 1896

Esta Matriz no meio do cerrado, devotada à protetora dos homens nos mares, dizem os antigos que advém de ermida com imagem da santa deixada por um português em busca de ouro aqui no Largo da Matriz, não há provas, mas se comemora duas vezes, uma a 2 de fevereiro, dia da purificação da Virgem, sob a invocação de Nossa Senhora dos Navegantes, e hoje, dia da Assunção de Maria, sob a invocação de Nossa Senhora da Boa Viagem. Foi pois significativo o fato ocorrido de manhã, depois da matinada, que começou como sempre, o Honorio repicando os sinos, as girândolas queimando, os fogos de artifício espoucando, tiros e dinamites troando, a filarmônica saindo em fanfarra a percorrer as ruas, o povo atrás. Agora, quando todos estão reunidos no Largo, em meio aos redemunhos de agosto, eu vim verificar paramentos e alfaias para a missa cantada, tendo adentrado a nave e me seguido até a sacristia um forasteiro, que se aproxima respeitoso, tira de envoltório tosco e mostra a mim um papel caligrafado em letra feminina colado a um cartão: *Um extrangeiro, casado com uma senhora brazileira, sem filhos, deseja empregar-se em alguma fazenda ou qualquer um outro logar; presta-se para lavoura de cultura, trabalha com carroça ou tropa, podendo sua senhora na mesma rezidencia leccionar a crianças. – Ella ensina a ler, escrever e contar até as 4 operações – trabalhos de agulha, bordados de ponto inglez, branco de fróco, miçanga filó, ouro, prata, cabello, etc. – flores de lã, panno, canotilho, couro, etc. Quem precizar, dirija-se ao............*

Misteriosos são os desígnios do Senhor, me comovo ao ler essas palavras por estar com o pensamento justo na padroeira, associo de imediato o casal aos pais de Nossa Senhora, São Joaquim e Sant'Anna Mestra, sem filhos até fazerem uma penitência no deserto, quando e onde um anjo anunciou a vinda de uma criança, com o que após nove meses nasceu a menina a que chamaram Miriam, Maria, em hebraico. O forasteiro tenta se expressar sem sucesso em português, digo-lhe que pode falar na sua língua, posso entender: veio só da Itália e, encaminhado pela Imigração para Juiz de Fora, empregou-se como lavrador perto de São José das Três Ilhas e, sendo viúvo, lá se casou com a professora da fazenda. O fazendeiro logo morreu, a família vendeu a propriedade e, soltos no mundo, rumaram para onde lhes disseram achariam muitas oportunidades, o lugar da construção da Nova Capital, mas qual. Bateram em várias roças e nada. Estão numa pensão de compatriotas na Favela do Alto da Estação, lá o aconselharam a me procurar para colocar um anúncio no jornal. Em sendo ele ruim de escrita, a mulher confeccionou o modelo, não tendo referências aqui, deixaram a linha pontilhada a ser preenchida por quem se dispuser a ser fiador. O senhor Antonio Augusto José acaba de entrar, vem verificar o harmônio para acompanhar o coro. Peço que leia a peça, ele se admira do capricho com que foi feita, com algum erro de ortografia discrepante com a redação cuidada, como *fróco* em lugar de floco. Convencemos o homem de que o anúncio será desperdício de tempo e dinheiro. Aqui estão é convocando muitos oleiros com experiência no fabrico de telhas e tijolos e um bom e comprovado cozinheiro entendedor de horta. Se cumprir uma dessas condições, deve ir ao outro jornal.

A redação do *A Capital* fica ali adiante, na casa das nove janelas com vidraças e que tem bem na frente da porta o engradado de madeira com a muda de casuarina dentro, digo ao italiano. E penso comigo mesmo: plantado por quem não pode ver a árvore crescer, o Mestre de Primeiras Letras, o primeiro a se desgostar e se afastar, deixando para trás todo seu patrimônio, sua história, sua vida. Como ele, tantos outros fiéis, empurrados para Piteiras, Calafate. O melhor a ser feito é seguirem para Ouro Preto, aconselho a ele, lá devem estar sobrando as vagas dos muitos que estão vindo para cá, iludidos. Aqui não está valendo a pena trazer família, começar uma vida, pelo menos por enquanto. A estreiteza do lugar, a *angustia loci,* tornou-se literal, angústia mesmo. Pelas ruas, permanecem a vadiagem das mulheres perdidas e a baderna dos homens brutos, levando a brigas e até a assassinatos. Pelos quintais e capoeiras, os tiroteios irresponsáveis que ainda vão dar em tragédia. Pela cidade e periferias, pelas roças e fazendas, o roubo de criações de todo tipo, a apropriação de animais alheios com segundos fins, a receptação e venda a altos preços. Pelos abrigos e hospedarias, a degradação das famílias imigrantes, passando necessidade, jovens mães italianas nem bem tendo atingido a maioridade já se oferecem a soldo como amas-de-leite. Pelas praças, as palavras vãs dos protestantes sem templo, hospedados em hotéis duvidosos. Nem as igrejas pode-se dizer que estejam a salvo. No ano passado, a Capela do Rosário foi violada e surrupiada da patena do cálice por sacrílego ladrão. Justo em Minas, Estado conhecido como a *Terra de poetas e musicos*, justo na cidade nascente que levará seu nome, já chamada de a *Nápoles do Brasil*, anunciada pelo Azevedo Junior como *a Atenas da America do Sul, centro das letras, das ciencias e das belas artes.*

Dia de pátria e efemérides várias

Longas horas tiveram de esperar em General Carneiro
as pessoas idas de Bello Horizonte,
em consequencia do atrazo que traziam os comboios
vindos de Ouro Preto e do Rio.
...
Após o almoço,
depois da benção dos trilhos
e da machina inaugural da ferrovia,
denominada Bello Horizonte,
benção realizada pelo cônego Roussin,
acolytado pelo padre Francisco Martins Dias,
servindo de paraninfo o Dr. Bias Fortes,
foram ligados os dois comboios formando um só,
tirado este pelas duas locomotivas
Bello Horizonte
e Ouro Preto.

Abilio Barreto

Belo Horizonte, segunda-feira
7 de setembro de 1896

Tenho muito a agradecer a Deus e a comemorar no dia de hoje. Em primeiro lugar, os três anos da minha vinda de Vila Nova de Lima como vigário efetivo e não mais interino, a pedido dos fiéis, para ficar, definitivo. De lá para cá, acho que aprendi muito, como religioso e como ser humano. Em segundo, um ano do término do Ramal Férreo de General Carneiro, acontecimento importante na vida de Minas Gerais, com a vinda de altas autoridades civis e eclesiásticas para a inauguração, ex-presidente e presidente do Estado, ministro da Viação, diretor da Central do Brasil, senador, desembargador, cônego, jornalistas, e com a chegada de gente importante, de mudança para o arraial, entre eles o doutor De Jaegher. Em terceiro, do lançamento das pedras fundamentais dos palácios. E do *Bello Horizonte*, depois de muita labuta e daquela noite da véspera passada em claro, por conta do empastelamento da impressão, por fim sanado a tempo. A partir do que, com tipografia e jornal, tive a ideia de ser útil e concorrer com acanhado talento literário e insignificante contingente de conhecimento, lançando uma pequena pedrinha para o alicerce do edifício da história do lugar escolhido para a Nova Capital do Estado, tecendo os meus modestos traços históricos e descritivos do Belo Horizonte. Que, se Deus ajudar, para o ano vou imprimir na forma de *plaquette*, em brochura de papel cetim, nos conformes, para deixar como memória para os vindouros.

Longe de mim pretender ocupar um lugarito, ainda que ínfimo, na galeria dos escritores e publicistas desta terra, e menos ainda de outras, sejam elas do nosso torrão ou do estrangeiro. Sei o quanto custa ser autor e não me arvoro em me incluir na profissão para a qual não basta talento, mas muito esforço e atitudes a mim impossíveis. Como poderia eu, ao modo de Montaigne, me conceder o conforto de me trancar em uma torre para não ser interrompido, com prejuízo dos meus fiéis, sem respostas aos seus chamados nem propostas para se ocuparem de coisas salutares e sublimes como a música? Ou me dar ao desfrute de enfiar a cabeça no meio das frescas palhas do feno que inspiravam Rousseau? Homessa, em que estado sairia minha batina? Ou ao luxo de ladear-me de espada, engalanado *à la* Buffon, de casaca bordada, se não são esses os meus paramentos? Ou mesmo ao sacrifício de manter, como Schiller, os pés em bacia com gelo, material para mim tão extraordinário quanto as trufas que Byron tinha que ter enfiadas nos bolsos para se estimular com o aroma? Ou, ainda, imitando Chateaubriand, à tortura do sistema agora chamado Kneipp, dos banhos recomendados pelo velho monsenhor bávaro? Ou ao desconforto de me por a baforar como Flaubert, que não dispensava charutos, e dos mais ordinários? Eu daria péssimo exemplo aos meus fiéis. E, quando muito, eu poderia me aproximar de Milton, que, pobre, enrolava-se num manto para compor poemas. Ou de Banhou, que se sentava sobre papéis picados. Ou de Cooper, que enchia a boca de pastilhas. Ou de Balzac, que exigia duas velas acesas, mesmo em dia claro. Ainda assim, não chegaria aos pés de nenhum deles, pois o que não se sabe é o que esses mortais deixaram de fazer e viver para se tornarem escritores. Como nós, para sermos padres.

Via Crucis em cinzas

Um pouco abaixo do local em que está o Palacio Presidencial,
nas proximidades da Capella de Sant'Anna,
havia no arraial uma via-crúcis campal,
abrangendo uma área de 1600 m²,
toda murada de taipa,
resguardando 14 cruzes.
Fora erigida
pelo missionario frei
Francisco Coriolano,
em 1853,
ao tempo em que fora também levantado
no Pico do Taquaril
enorme cruzeiro,
destruido mais tarde por faiscas electricas.
Essa via-crúcis
destinava-se ao officio da via-sacra
e foi destruida
pela Commissão Constructora da Nova Capital,
quando se fez a esplanada
para a actual Praça da Liberdade
e ruas adjacentes.

Abilio Barreto

Belo Horizonte, terça-feira
6 de outubro de 1896

Rezo neste instante pela alma do frei franciscano Francesco Coriolano di Otranto que partindo da Itália meridional, atravessou o oceano e veio, América, Brasil, Minas Gerais, Ouro Preto, embrenhando-se em fervorosa missão. Chegando ao Curral del Rei em meados do século, escolheu o morro da Boa Vista para aqui locar a Via Crucis campal, fechando com baixo muro de taipa o esconso quadrilátero que os viandantes amiúde confundiam com o campo santo. Há pouco mais de ano, a Comissão determinou desocupação imediata do local. Para mim, evidência de que a Santa Madre Igreja perdia terreno, literal e figuradamente falando. Numa tarde, aspergi as cruzes, diante das quais os fiéis desfilaram em piedosa romaria por quarenta quaresmas. Depois, os tarefeiros as arrancaram, amontoaram e eu próprio ateei fogo aos lenhos a modo de não sofrerem profanação. Consumiram-se em labaredas, repetindo as derradeiras chamas do Sol lá no oeste, atrás do Morro das Pedras, desde a esplanada espiralando fumos que se uniram às nuvens carregadas vindas de Vila Nova de Lima. Já decapitado o topo chamado Alto dos Lobos, que inspirara ao franciscano a ereção do Calvário, volatilizou-se no fulgor da fogueira e do crepúsculo a obra missionária erguida com esmolas angariadas pelo penitente, enquanto se conferiam as ferramentas para não terem de pagar por elas os pobres dos operários, conterrâneos do frei, em número igual ao dos apóstolos, doze, bem no dia do desmantelo da Via Sacra.

Coincidência maior era que, contando com o senhor Afonso Masini, no comando, contratado com seu sócio Carlo Antonini pela Comissão para fazer a terraplenagem, e comigo, representando a Diocese, somávamos catorze homens, como o total das cruzes, que eu somente conheci em igual grandeza no Calvário do Seminário do Caraça. Tantas coincidências me encabularam e induziram a um exame de consciência, pois coincidências têm sido tomadas por milagres, não para fortalecer a religião, mas para favorecer o comércio. Como o anúncio dos senhores Horta e Brasil, que eu próprio permiti publicar, por segurança ao lado do aviso de que não se aceitariam publicações acintosas, injúrias ou ataques pessoais, a 200 réis por linha, preço normal quando não se trata de interesse geral e útil. Então eu me indagava: será que fui concessivo, excessivo na minha tolerância, tal a simpatia que sinto pelos meus fiéis? Agora que o *Bello Horizonte* fez aniversário e o releio todos os dias para repassar o que aqui se dava no ano passado, com relação ao reclame, não me penitencio, pois não me arrependo, é inofensivo, não vejo pecado, antes muito engenho e arte no modo como a história foi oportunamente arquitetada: *DESASTRE O sr. Fulgencio Tartaruga, empregado na grande pedreira dos srs. Orlandim & Comp nesta localidade, foi a poucos dias alcançado por uns estilhaços de pedra que o feriram gravemente na cabeça, nos peitos nos pés. Felizmente hoje está completamente restabelecido graças a um chapéo de fina palha Ingleza, um costume de superior casimira Cheviot e um par de botinas amarellas compradas no EMPORIO AMERICANO. Aproveitem a receita e tambem os preços por que está vendendo aquella casa. VERDADEIRO MILAGRE.* E me rio. Pensando bem, só Deus pode ter salvo tanta pachorra, tal janotice, a perambular desavisada na pedreira.

Também não me arrependo das anedotas que alguns esplenéticos acham inadequadas para um jornal paroquial, sobretudo a que publiquei logo no segundo número e deu pano para manga, a do tartufo da moda que, acostumado em tomar desforço por galanteria, aborda uma senhora que se queixa de impigem no rosto, ao que o ousado oferece pronta cura. A dama pergunta-lhe qual seria. *Basta que me deixeis dar um beijo em cima; e afirmo-vos que imediatamente sarará*, é a resposta do estouvado, ao que a doente sai-se com esta: *Esse remedio, sei eu que é excelente para hemorroidas; mas para impigens não creio que tenha prestimo algum.* Eu não maldei, a maldade está na cabeça das pessoas. Entre os importantes, é tudo complicado. Lá em Vila Nova de Lima, tudo é mais simples. Quanto mais perto da Natureza, mais inocentes as coisas são. Aqui, se pretende negar o natural, sobrepor a ele a ordem, o progresso, a razão, a ciência, a modernidade, afastando da vista carros de boi, carroças, alimárias, para evitar os estrumes pelos pavimentos que se farão, negando aos tubos digestivos dos ruminantes os naturais direitos, contrariando São Francisco. Pois não são os cavalos que ajudam a levar a todos o cura e a cura, do corpo e da alma? O doutor Salvador está feliz da vida com o pequira. Sua filhinha, entusiasmada com o aprendizado dos Três Reinos na Escola de Primeiras Letras, escolheu logo o nome, Vegetal, por conta do V no quarto dianteiro. O pai argumentou que vegetal não anda e animal não pode mudar de reino assim sem mais nem porém. A menina rebateu de pronto, ouviu o carreiro gritar aos bois: *Eia Ouro, Eia Prata, Eia Cobre!* O baiano pegou rabeira: *Minha filha, se é para ser do reino mineral, o meu corisco com cauda dourada que chispa queimando que nem o Bendegó que caiu na Bahia tem que ser Meteoro. E o doutor Camarate que se cuide!*

Teatro ainda que provisório

Ainda estou a ver agora,
com o olhar imenso da recordação,
o teatrinho iluminado a querosene em meio a escuridão,
na rua de Sabará,
e cá fora,
ao bruxoleio das lamparinas
e ao clarão dos fogachos
onde se aqueciam cafeteiras
e caldeirões com café, chocolate e cangica,
ao lado dos taboleiros com quitandas,
ao passo que os vendedores apregoavam os comes-e-bebes.
Com o meu pequeno taboleiro de quitandas
que Mamãe fazia
e que eu vendia naquelas horas vagas da noite
para auxiliar a subsistência do nosso lar paupérrimo,
findo cada espetáculo assistia aquele desfilar
de botas e lanternas
pelas velhas ruas do arraial
e pelas mal rasgadas ruas da cidade em construção
...

Abílio Barreto

Belo Horizonte, quinta-feira
15 de outubro de 1896

Querido Fritz, espero que esteja bem de saúde, como estamos todos aqui. Você recebeu nossos bilhetes postais de saudações e presentes por seus dezoito anos? Nós mandamos com prazo para chegarem antes do dia 19 de setembro. Como foram as comemorações? Eu quero lhe dizer antes de tudo que começo a gostar de Belo Horizonte, que tem melhorado bastante. Toda noite, eu, Marguerite, Clara e Mademoiselle Félicité temos ido com papai e mamãe aos espetáculos da companhia dramática Cardoso da Motta, que estreou na quarta-feira da semana passada com *A Cabana do Pai Tomás*. O Teatro Provisório continua sendo um grande telheiro, mas está reformado, bem melhor do que no ano passado, quando foi construído, assim que chegamos. Você se lembra das minhas cartas, o que mais se teve nas primeiras duas temporadas foram temporais, tão fortes que deslocaram as telhas, causando tantas goteiras que na plateia tivemos de abrir os nossos guarda-chuvas. Chovia no palco, mas lá os atores não podiam fazer o mesmo, eles continuavam valentes as falas. Mademoiselle Félicité traduzia as expressões desconhecidas ou quando falavam mais depressa. Papai foi um sábio quando a contratou. O idioma português é mesmo difícil, sorte que nós pudemos aprender um pouco enquanto esperávamos a conclusão do ramal para nos mudarmos. Pena que ela tem de partir para encontrar os pais em Anvers, eles vão passar o Natal com a família em Lisboa.

Voltando ao teatro, no domingo, foram levados à cena o drama *Os Prisioneiros do Subterraneo* e a cançoneta *Pão Fresco*, na segunda-feira, o drama *José do Telhado* e outra cançoneta, *Assim, Assim.* O melhor dia foi ontem, pois foram duas boas comédias. *Empresta-me Tua Mulher*, de Maurice Desvalliers, eu e Marguerite já tínhamos visto em Bruges, quando você estava estudando para os exames, como sempre. É a história de um rapaz que gosta de sua prima e é correspondido, mas o tio, que lhe dá pensão, pois ele depende de passar em concurso para se sustentar, recusa-o como genro, preferindo por interesse outro pretendente. O tio exige que o sobrinho arranje outra noiva e se case o mais rápido possível, ao que ele finge obedecer. O tio vai visitar de surpresa o sobrinho, que pede emprestada a mulher do amigo e vizinho de porta, no dia do batismo do filho, dando início a uma série de mal entendidos, para, no final, tudo acabar bem, com os dois primos se casando. A parte melhor é no início, quando o vizinho tenta falar com a ama inglesa do filho. Para mim, foi muito engraçado ouvir uma fala em português de um francês falando inglês. A outra comédia é de um autor brasileiro, Arthur Azevedo, *Amor por Anexins*: uma viúva é cortejada por um velho e o recusa porque ele só fala por frases feitas, ditados e provérbios. O caso também acaba em casamento. A banda Carlos Gomes, do doutor Camarate, tocou nos intervalos as peças *A Vaga*, de Olivier Metra, *Valsa España,* de Waldteufel, o segundo ato de *Tannhaüser*, *Gigerl-marsch* de Wagner, e mais duas composições que eu não conhecia, A *Marcha Brasileira,* de Dembé, e a valsa *Ne M' Oubliez Pas,* de H. Braga. A comédia maior aconteceu na plateia: o tipógrafo João Batista dos Oculos ficou apaixonado pela atriz Maria Piedade. E sem poder se declarar. Ele é mudo!

Eu, de minha parte, tenho estudado partituras brasileiras e lido livros da Biblioteca de Minas, da Comissão Construtora, que tem um número razoável de obras científicas, de arte, literatura estrangeira e nacional, que eu já consigo ler, embora com alguma dificuldade e a ajuda de Mademoiselle Félicité. Li *Inocência*, do Visconde de Taunay. Ele é pelas mulheres! Também já não era sem tempo os escritores mostrarem a repercussão da *Reivindication* de Mary Woolstonecraft, publicada no século passado. A escritora morreu aos trinta e oito anos, apenas, ao dar a luz a outra grande escritora, Mary Shelley, que, não por ironia, deu à luz um homem de laboratório no seu livro *Frankenstein*. Que você, Frédéric-Guillaume, precisa ler, a engenharia e os esportes não são suficientes para uma boa formação! Eu fiquei feliz que você tenha ido muito ao teatro em Paris, mas eu notei que você se entusiasmou mais com o Nouveau Cirque do que com qualquer outro espetáculo. Eu não quero ser uma irmã aborrecida, mas haverá situações em que você sentirá necessidade de conhecimentos humanísticos, não só diante de outros homens, mas de mulheres que não se conformam em ser apenas *bibelots*, ainda que não se metam em *sabots* e *complots*. Por falar nisso, como vão suas conquistas? As nossas primas têm me contado que você está muito requisitado para passeios, festas e bailes. Vovó me disse, na última carta, que anda preocupada com suas noites mal-dormidas, pois você tem tido dificuldade de se levantar cedo para as aulas, tendo de depois delas ajudar Vovô no trabalho. Tenha atenção com sua saúde, sobretudo agora com a entrada do frio. As fotografias dos cisnes nas águas do canal perto do galpão do Atelier, em dia de sol, me fizeram sentir muita saudade. Você participou da montagem da ponte sobre o rio Issel?

Aqui, as obras em que papai vai montar as serralharias estão adiantadas, ele recebeu o informe de que hoje estão sendo embarcadas daí algumas peças. Já que no ano que vem Mademoiselle Félicité não estará mais aqui para dar aulas a Clara, mamãe está decidindo se a manda para o Colégio da Providência em Mariana, aconselhada pelo padre, que vai escrever ao bispo, uma vez que a escola para moças daqui, de Madame Olivieri, está ainda incipiente. Lá, ela terá aulas de Primeiras Letras, Doutrina Cristã, História Sagrada, Línguas Francesa e Portuguesa, Aritmética, Geografia, Música Vocal, Piano, Desenho, Costura, Tecidos, Bordados, Tapeçarias, Flores, Crochês e outros trabalhos próprios para sua formação. Mamãe pretende ir até lá conhecer as instalações e conversar sobre o fato de Clara ter sido alfabetizada no idioma francês. As irmãs de caridade já divulgaram a lista de enxoval, um exagero, cada aluna deve levar: um colchão e um travesseiro, duas colchas de chita, sendo uma branca, um cobertor, oito lençóis e quatro fronhas, seis toalhas, quatro guardanapos, oito vestidos de chita, um branco e mais um preto, dez camisas, quatro camisolas de dormir e uma para banho, oito saias, uma de baetilha e duas invisíveis, um paletó para frio, pentes e escova de dentes, três metros de cambrainha e outro tanto de americano encorpado, doze pares de meias e doze lenços, uma bacia de rosto, outra de banhos e um urinol, um chapéu de sol e calçados, livros adotados para a Escola Normal e um bauzinho de folha para guardar bastidor para bordado, tesoura e demais objetos de costura! Se ela for, sentirei mais saudades, a pouco e pouco as pessoas das quais eu gosto estão ficando mais e mais longe, como minha casa, minha cidade, minha pátria, minha vida, afinal. Beijos, Bertha Adèle Thérèse.

O ano

1896

Não creia o sebastianismo que 1897
seja o advento da restauração:
1896 presenciou a lucta travada
para derrocar-se a ameia em que se iam acastellando
os corypheus do terceiro reinado.
Desappareceu o "velho anno" que a lenda diz ser decrepito ancião,
barbas brancas,
arrimado ao bordão dos peregrinos...
Republicanos,
abençoamol-o pelo muito que elle nos fez;
brazileiros,
bemdizemol-o porque elle viu tornar-se
intacta a integridade do solo da patria.

A Capital

Aurora para mulheres

Saúdo,
portanto,
a Aurora promissora do sol
que certamente virá dissipar
as trevas da ignorancia
que reina entre muitas familias.
Pedis a minha collaboração?
O que pode escrever uma pobre mulher
preoccupada com os misteres de uma casa,
numa zona inculta,
desprovida de communicação
com os centros civilizados
como vós e vossas illustres collaboradoras?
...
O desejo vehemente,
porem,
de contribuir com meu pequeno contingente
para o progresso de vosso pequeno jornal,
que veio abrir um novo horizonte
para nós,
as mulheres,
me obriga a sahir dos bastidores do silencio enviando,
de vez em quando,
minha pequena collaboração.

Aurora
Eponina Candida da Luz

Belo Horizonte, quarta-feira
6 de janeiro de 1897

Querido irmão, como foram as Festas? Você recebeu nossos bilhetes postais de saudações? Nós recebemos o seu e de toda a família, muito bonitos. Aqui foi tudo bem, com saúde e paz, mas já sentindo a falta de Mademoiselle Félicité, que nos mandou de Lisboa uma carta com seus votos. A Missa do Galo foi cantada, com orquestra, o padre estava exultante. Este ano nós conhecemos melhor o Natal daqui. As apresentações de teatro e música acontecem não só no Provisório, mas nas casas, em frente aos presépios, iluminados a vela. Copiei para você este auto natalino cantado por Bemvinda no português arrevezado dos negros:

> *Ha um Deus Menino,*
> ***Sinhô*** *das **artura**,*
> *Que veio **humana-se***
> *Hoje, hoje,*
> *entre as **criatura**.*

> *No caminho da **veldade**,*
> *Onde **hai** poder **immensio**,*
> *Venho **trazê** o meu **thuribo**,*
> *O meu thuribo de incensio.*

> ***Peraguaya, Peraguaya, encára-te**.*
> *Tu que quizeste **atravessá***
> *os **pantano** do **Brasi***
> *com seus **rio caudelosos**,*
> *encára-te, Peraguaya, e rende-te*
> *à **folça** das **almas blazileiras**.*

Ah, eu já ia me esquecendo: os presentes são postos sobre o fogão, aqui não há lareiras. A novidade em casa é que esteve conosco todo o mês de dezembro o senhor Emilio Julio Chaudon, guarda-livros em Ouro Preto. Marguerite o acha simpático, e ele é viúvo, mas só sete anos mais novo que papai, tem cabelos grisalhos e usa óculos, além do mais é um pouco mais baixo que ela, mas quem sabe? Marguerite não vê graça nos rapazes daqui, assim como eu. Com a mudança, nós nos tornamos celibatárias mesmo. Anteontem, o senhor Chaudon voltou para a sede da Capital, mas retorna logo. Ele é formal, mas de muito bom humor e nos diverte com suas interessantes histórias. E ele tem muitas, nasceu em Lima, estudou em Havana, fez o liceu em Paris, veio morar no Rio de Janeiro e é professor de esgrima! Clara quer ficar acordada até tarde para as ouvir. Eles dois fazem anos hoje, dia de Reis! Todos os dias, temos escutado a cantoria dos pastores indo de porta em porta recolhendo espórtulas: *Oh! de casa nobre gente...* Mamãe e Papai decidiram: Clärchen vai para o Colégio da Imaculada, fundado pelo padre, sob a direção de Madame Olivieri, que fecha sua escola, as aulas iniciam em fevereiro. Desde outubro, já está funcionando o Colégio Progresso, para meninas, de dona Margarida Julia e sua filha Laura, e a escola mista de primeiras letras das senhorinhas Leopoldina e Romualda Cassão. E mais um jornal, com a peculiaridade de ser literário e pedir a colaboração de mulheres, apesar de pertencer a um homem, o senhor Camelo. A senhora Eponina Candida da Luz, de Peçanha, interior de Minas, responde ao convite, saudando no quarto número o *Aurora*, que irá *dissipar as trevas da ignorância que reina entre muitas famílias*. Ela fala coisas como *sair dos bastidores do silêncio* e em *emancipação literária*. Corajosa, não?

Enquanto isso, há uma briga através dos dois outros jornais, entre homens, reverendos, da Igreja, das Igrejas: o vigário católico, o padre Francisco Martins Dias, e o ministro protestante, o pastor Roberto Charles Dickson. Começou com o artigo *Philosofando*, de um articulista anônimo no jornal do padre no fim de setembro, respondido com o mesmo título pelo pastor no começo de outubro na Seção Livre do *A Capital*. Considerando ter ficado o pastor sem resposta, *outro protestante* cobrou com o artigo *São Pedro e o Padre*, e o pastor com *Balcão Catolico*. Ao que o *Bello Horizonte* respondeu ao pastor: *Onde Ficou a Historia?!!* O pastor replicou com o mesmo título no *A Capital*. *Um protestante* escreveu outro artigo, *A Missa*, o pastor outro, *Balcão Catolico*, e um protestante, assinando Pretextato, perguntou: *Quem Está Insultando?* Vários protestantes assinaram um *Contraprotesto*, respondendo a um protesto católico. O pastor respondeu com *Familias Calumniadas* ao padre, que pelo *Bello Horizonte* tinha ofendido hóspedes do Hotel Belém. Eles deram uma trégua natalina na novela. Mudando para assunto mais ameno, este ano papai quer dar um baile para festejar meu aniversário e o de Marguerite. No ano passado, nós fomos prejudicadas pelas chuvas, a paralisação da via férrea e tudo o mais. Talvez seja no salão do Escritório da Comissão, com orquestra. Vou encomendar partituras brasileiras ao afinador. O senhor Chaudon prometeu me ajudar na confecção dos convites, que devo mandar imprimir na tipografia do padre, que tem recebido papéis interessantes. Antes, ainda este mês, teremos uma visita importante, o ministro belga, representante de Sua Majestade o Rei Leopoldo, Conde van den Steen. Papai está pensando o que se pode fazer para o receber a contento. Beijos, Bertha Adèle Thérèse.

Grande golpe de vento e chuva torrrencial

Bello Horizonte – 1er Déc. 96 - arrivé ce jour chez JDJ.

Le 4 Janvier 97 je suis parti pour Ouro Preto; je suis retourné le Dimanche 10 Janvier.

Le 11 Janvier 97 – Grand coup de vent et pluie torrentielle.

Le 12 Janvier 97 – Mlle. Bertha indisposée.

Caderneta de anotações
Emilio Julio Chaudon

Belo Horizonte, quinta-feira
14 de janeiro de 1897

Eu cheguei no domingo de Ouro Preto, onde fui cuidar de algumas questões para o doutor De Jaegher, animado a ajudar as filhas do meu anfitrião nos preparativos do baile de aniversário. No dia seguinte, nós chegamos a começar a redigir o texto do convite enquanto caía a tromba d'água, acompanhada de forte ventania, que impediu a todos de sairmos. Qual não foi a minha tristeza ao ver Mademoiselle Bertha indisposta anteontem, terça-feira. Terá ela tomado algum golpe de vento ou ingerido alguma coisa que lhe fez mal? O doutor Salvador esteve aqui, prescreveu dieta, ela está de repouso no quarto, tomando desde ontem os medicamentos trazidos pelo rapazote da farmácia Abreu. Também veio o padre, em visita paroquial, trouxe da tipografia as amostras de papel, estão sobre a mesa da sala, mas perdi a graça, não faz sentido continuarmos por ora a função. Hoje o dia não está bom para ninguém, o vigário queixou-se de que recomeçaram os ataques dos protestantes a ele pelo *A Capital*. No mesmo jornal, respondendo ao protesto publicado pelo doutor De Jaegher no *Jornal do Commercio*, o senhor Alcides Medrado manipula quanto à devolução da procuração passada pela Société Anonyme ao Escritório Industrial de Minas Gerais em Ouro Preto, insistindo em impor condições. Apesar da habitual galhardia com que o doutor encara as adversidades, sei o quanto atitudes assim o magoam. Já não bastassem as preocupações com a indisposição de Mademoiselle Bertha.

Resta ao doutor De Jaegher a satisfação de ver seus negócios coroados de êxito. Acompanhei algumas vistorias. O assentamento da escadaria Joly da Secretaria do Interior, à prova de incêndios, importada por ele, além de belíssima, já está em conclusão e bem assim as guarnições das portas e janelas. E foi começada a montagem da armação metálica dos telhados dos corpos laterais, tendo chegado da Bélgica um belo *plafond* destinado à sala de honra. Na Secretaria das Finanças, se assenta a cobertura de zinco em mosaico e, na Imprensa Oficial, a armação de ferro do telhado. No momento, com todos de casa muito devotados a cuidar de Mademoiselle Bertha, cabe a mim tentar distrair Mademoiselle Clara, nós nos damos muito bem, ela parece gostar das minhas histórias, que, por suposto, não se equiparam às de Mademoiselle Félicité, a que estava acostumada, mas para ela são novidades, sobretudo as de esgrima. Ela ouve com a respiração suspensa e o olhar vidrado, como se as projetasse para dentro da sua imaginação, ampliadas pelas duas enormes contas azuis com que foi agraciada. Como costuma dizer o pai, as moças são mesmo a personificação das Três Graças. É uma bênção para mim poder desfrutar do ambiente desta casa. Madame Anna Catharina tempera a bonomia do doutor De Jaegher com sua força matronal. Eu, filho póstumo e precoce viúvo, distante desde a juventude dos meus, me sinto privilegiado em ter a confiança e o acolhimento desta família. Espero que Mademoiselle Bertha se recupere logo, ela está ansiosa pela chegada das partituras que o afinador ficou de trazer do Rio de Janeiro, para que ela e Mademoiselle Marguerite possam tirar algumas no piano antes de repassar aos músicos. Olho pela vidraça: o doutor Salvador chega para a visita diária, amarra o cavalo na pedra ao alto do barranco.

Murchas as flores do baile

Reminiscencias

*Vai pisando **porriba***
De muita flô mimosa
*Bogari, cravo, **sucena**,*
Branco jasmim, linda rosa.

A Capital
Jorge Pinto

Retratinhos

XXII

O seu nome é uma garantia
ou, pelo menos,
um consolo para o doente.
É medico.
Pallido e magro, pequeninas suissas.
Ora a cavallo, ora de carro.
Moço ainda.
Chamal-o é, decerto, um lenitivo:
lembra-se a gente que elle é xará de Jesus,
e zaz!
póde beber, confiante,
a tisana prescripta.
Salve!

A Capital

Belo Horizonte, sexta-feira
5 de fevereiro de 1897

Trago na bruaca as partituras que a toda viagem os De Jaegher me encomendam. Desta feita, para ocasião especial, o baile de Bertha Adèle Thérèse e Marguerite Louise Clara, marcado para o sábado entre as duas datas, dia 20 próximo. Tendo ficado no Rio de Janeiro por um mês, vasculhei por várias vezes todo o centro, Rua dos Ourives, do Ouvidor, Sete de Setembro: Buschmann & Guimarães, Viúva Filippone, Isidoro Bevilacqua, Arthur Napoleão... Não encontrei nada que contivesse o nome *Bertha*, mas em compensação, com o segundo nome, achei duas valsas *Adèle*, a de J. da Silva e a de Godfrey, a quadrilha de Tornaghi, *Adélia*, e assim duas polcas, a de Tavares e a de Angelo. E ainda uma peça com o diminutivo do terceiro nome, *Therezinha*, de J. Campos. Para Marguerite, consegui a mazurca do doutor Alves de Castro, *Os Sonhos de Margarida*, e a quadrilha *Marguerites*, de Arnaud. Para agradar as convidadas, *Joanninha, Idalina, Joaquininha, Arthemia e Estephania,* da *Quadrilha das Moças*, do doutor Monteiro, e mais valsas, mazurcas, *schottishs* e polcas da *Collecção Flores do Baile*, todas de nomes femininos. Para saudar o Curral, um tango. Estranho título, a grafia, *Qem Comêu do Boi?*, e o nome do autor: Barata! A valsa *Gran Via*, de Chueca y Valverde, trouxe para festejar a avenida mestra da Nova Capital, a Afonso Pena, passei por ela ainda agorinha na minha montaria, antes de subir. A cidade já lá vai: mais casas, mais pianos, mais distâncias, menos tempo.

Acabei me rendendo e adquirindo o zarco de Maria Angelica, deveras manso. Diferente do fogoso Meteoro do doutor Salvador, que está na pedra ao alto do barranco, aonde por conta própria sempre vai. Para além da esquina, bem no rumo do oeste, o arraial se esgarça, três casas esparsas pela estradinha aberta no matagal de alecrins e assa-peixes, com muito favor chamada Rua do Aqueduto. Sob o beiral da edificação quadrangular da Rua do Comércio estão o baio do doutor Cicero Ferreira, o rosilho do doutor Miranda, o cardão do seu Theodoro. Mais destacado, o Ben Chicão do doutor Magalhães. Debaixo do pé de pau, a parelha tordilha do doutor Bicalho atrelada ao landau, o cocheiro cochila a sono solto na boleia. Reunião importante. Raspo as botas no limpa-pés de ferro. Na minha primeira visita, os *Ateliers de Construction, Forges & Fonderies Joseph De Jaegher* já haviam se somado legalmente às *Usines Ferdinand Feldhaus*, perfazendo quatro endereços em Bruges, na Flandres Ocidental, mas o artefato ainda não dava conta de mais essa consolidação da união de Joseph Franz Carl De Jaegher com Anna Catharina Sophia Clara Feldhaus. Minha mente turbilhonou ao vislumbrar no prosaico objeto a reviravolta na história do arraial, que repassei como se fosse bater lição nas arguições do Caraça, retardando a subida da escada. Vem chegando o padre Chiquinho, ar grave e me diz por quê: Bertha apresentou sintomas iguais aos do Ovidio, melhorou, mas tornou a piorar. Eu lhe dou a dianteira e o sigo degraus acima. Eles me pareceram em maior número da primeira vez, tal a preocupação em penetrar o recinto da Europa aqui incrustado e a responsabilidade com o piano, impressão e temores que se mostraram depois injustificados. A folha da porta de entrada está entreaberta, o assoalho recende a desinfetantes.

A sala, mais escura que o habitual. Senhoras assentadas em torno da mesa elástica, cavalheiros em volta. Na cadeira de balanço, o doutor De Jaegher, corpanzil prostrado, pálpebras cerradas. Ao lado, o senhor Chaudon. Corro os olhos pelos móveis, paralisados, agora, o porta-chapéus recebe o meu e o do padre. Ao fundo, o canapé, ocupado, não parece flutuar. O Blüthner, fechado. Dele me aproximo e deponho o maço das peças. Sem sentido, me volta à mente a andança pelo centro do Rio, antevendo a alegria com que seriam recebidas. O padre segue casa adentro. Eu me detenho a cumprimentar o doutor Cicero. O doutor Salvador pediu ajuda a ele e ao doutor Miranda. Bertha iniciou vinte e seis dias atrás, quando esteve indisposta, abatida, sem apetite, com insônia, o quadro, evidenciado depois como incubação. Pessoas jovens são mais afeitas à contaminação. Sobrevieram dores de cabeça violentas, febre. E os delírios. O pai pensou levá-la em vagão especial para Ouro Preto, chegou a consultar o doutor Bicalho. Seu estado era delicado, todavia. Além do que não seria boa medida, daria motivo para ataques pelos jornais, sobretudo o que tem o facho aceso e assestado para qualquer sinal de epidemia aqui. Em Vila Nova de Lima, os ingleses têm um hospital bem-montado para atender operários do Morro Velho, porém não era sensato transportá-la de carro montanha acima, e a internação estaria sujeita a uma negativa, na prevenção de contágio. O doutor Cicero não está otimista, ela chegou a melhorar, mas é no começo de aparente convalescença que ocorre a volta da doença, com risco de morte súbita. Pretextando um café, me esgueiro pelo corredor e sigo, sem me deter, até a porta da cozinha, de chapa para o pôr-do-sol. O Morro das Pedras, um borrão multicor umedecido aos meus olhos.

173

Cavalo outra vez em Aquário

+ *Le 6 Février 97 a 8 1/2 soir.*

Caderneta de anotações
Emilio Julio Chaudon

Belo Horizonte, sábado
6 de fevereiro de 1897

Faltam oito dias, sem sinal de melhora, para meu aniversário, 14 de fevereiro. Meu querido São Valentim, me perdoa e me valha. Vinte anos! O dia e o lugar de meu nascimento ficaram longe, minha pátria ficou longe, minha cidade ficou longe. Após dezessete meses, eu não consigo recordar nada. Bélgica e Bruges não mais existem. Belo Horizonte ainda não existe. Bertha mal existe. O Blüthner existe? Brasil não é nem um nome no mapa, Bemvinda não ri mais, vai haver Braille?... o abecedário embaralhou e agora a letra B sumiu. Dentro e fora desta redoma, pessoas e coisas começam com a letra M: o Meleque Monolick soa as matinas na Matriz, não, o Moleque Menelick monta o Meteoro, Mestre de Maistre vem para a Mudança de Minas, com a Machadinha corta a corda no colo de Marianne, Mamãe chama Marguerite e, fechando os olhos, eu mergulho meus pensamentos na circulação da Mariquinha pelos canais, não, pelos ramais, enviando-os feito roedores pelos corredores, não, pelos, cor e dores, por mais de quarenta e dois dias em viagem ao redor do Mundo, ao redor de onde acaba o Mundo, ao redor do meu quarto, ao redor da minha cama, ao redor de mim, dentro de mim mesma, a explorar pontos remotos, ignotos do meu interior, a circum-navegação se mostra complexa demais, além do mais, há o problema de acesso a lugares recônditos, as tentativas recorrentes fracassam, imperiosa a corrente sanguínea reconduz meus emissários sempre de volta à cabeça: *Eia, Sangue! Eia, Coração!*

A letra B está de volta, tudo volta, em ordem, Baile, e
não Braille, Bélgica, Belo Horizonte, Bemvinda, Bertha,
Blüthner, Brasil. Bruges, em partes, esmaecida, gris sob
a neblina da realidade e a névoa da memória, reflexos
trêmulos nos canais apenas: empenas serrilhadas, telhados
pontiagudos, agulhas de igrejas, cisnes retraídos, bicos
sob as penas. Pelas pontes, trotes de caleches, capotas
levantadas. Aqui não há canais, não há mar. Por perto,
só água doce. O pai de Bemvinda levou-a para pescar
com os irmãos no Rio das Velhas. Ele amarrou a poita
na ponta da corda e jogou ao fundo para a canoa ficar
parada no pesqueiro. Todos quietos. Tudo quieto. Tudo
escuro. Lua nova. Eles não viam nem a beira da canoa,
pareciam estar dentro da noite. Eles sentiram a corda da
poita esticar, bambear. Os peixes se espantaram, era o
caboclo d'água... ela ficou tonta, tudo em volta rodou.

Esbarro de peixe
estira a poita
noite barcaça
Nada esbarra
nem peixe
corda lassa
Nem arfagem
nada mexe
balança a margem

Margem. A letra M. Médicos no meu quarto. Monsieur
Chaudon. Minhas irmãs. Meu pai. Minha mão na sua mão.
Na mão de minha Mãe, minha cabeça. Oito badaladas no
relógio do Manuel das Infelicidades na Matriz. Todos quietos.
Tudo quieto. Tudo escuro. Lua nova. Só eu vejo o Sol.
Resplende na pedra ao alto do barranco. O Meteoro de Nosso
Senhor Salvador veio me buscar. Uma Mulher de Manto o
monta. Seu nome é M... eu fico tonta, tudo em volta roda.

Cemitério antecipado, plano contrariado

PRIMEIRO SERVIÇO REGISTRAL
DAS PESSOAS NATURAES
DE BELLO HORIZONTE
Atestado de Obito

Aos sete (7) de fevereiro
de mil oitocentos e noventa e sete (1897)
VICTOR EUGENIO VERDUSSEN
compareceu neste Serviço Registral e declarou,
exibindo atestado medico firmado pelo
Doutor Salvador José Pinto,
que no dia seis (06) de fevereiro
de mil oitocentos e noventa e sete (1897),
em hora ignorada,
em consequencia de Febre de caracter Thypho-malario
em domicilio, Bello Horizonte, Mg, faleceu
BERTHA ADELE THERESA DE JAEGHER
do sexo feminino,
estado civil solteira com vinte annos de edade
natural de Bruges - Belgica, filha de
JOSEPH FRANCISCO CHARLES DE JAEGHER
ANA CATHARINA SOPHIA CLARA FELDHAUS
Declarou ignorar se deixa ou não bens
e que o corpo será sepultado em Bello Horizonte, MG.
O referido é verdade, do que dou fé.
Bello Horizonte, 07 de fevereiro de 1897.

Escrivão de paz e official do registro civil
José Pedro da Costa

Belo Horizonte, quinta-feira
11 de fevereiro de 1897

Ninguém esperava, o doutor De Jaegher está passado, dona Anna Catharina, em choque, Marguerite, emudecida, Clarita, assustada. Todos consternados, no Escritório, no arraial. Impressionante como uma moça bonita se desfez em menos de um mês. Foi como no caso do Ovidio. Só que mais gente acudiu. Primeiro, o doutor Salvador, depois os doutores Miranda e Cicero, o Menelick não parava, ia e voltava da farmácia, drogas, seringas, ventosas, veio o seu Theodoro, a casa ficou cheia, Bemvinda não vencia de correr o café, varava dia, virava noite. Ela pareceu recuperar: melhora da morte, visita da saúde. O Salvador não lhe valeu, nem os outros doutores. Ministrei a extrema unção, lágrimas nos olhos, me tremiam as mãos. Oito e meia da noite do dia 6. Enquanto o baiano redigia o atestado, dei minha habitual ajuda ao Manoel d'Assumpção, juntos fizemos a dolorosa lista. Seis metros de alpaca, no caso, branca, sete metros de cetim branco para mortalha e forro, três metros de corda fina, um maço de tachas douradas, um maço das ditas em ferro, quatro metros e meio de corda para alça, duas tábuas, duzentos e cinquenta gramas de pregos dos pequenos, trinta metros de galão. Deveria ser coisa muito melhor, sem comparação, mas é do que se dispõe. O pai não quis que ela fosse para o Cemitério Provisório, fadado a desaparecer, pensou no futuro. Nem o médico da Comissão, pensou no presente. Não achou conveniente, risco de contágio, exploração da imprensa.

O recurso foi o cemitério novo. Puxado, chegar até lá a pé, mas não havia outro jeito, para aquele lado não tem ramal, a abertura das ruas vai lenta. Um mundaréu de gente de guarda-chuvas abertos, chuva fininha, uma desolação. E isso não foi o pior. Se fosse no Provisório, não haveria erro, o Honorio de São Pedro acumula o cargo de sacristão com o de guarda zelador do campo conjugado à capela nova do Rosário, mas o traçado do terral no topo da colina existe só no azul do papel ferro prussiato, todo axadrezado ao mesmo modo da futura cidade. O problema foi que o senhor Joaquim Ciriaco, o coveiro, desconhecia o desenho, e só hoje, quando foram enterrar o Manoel Firmino, não teve salvação do doutor Salvador a punhalada que levou no peito, o pessoal do Escritório deu pela coisa, a direção da sepultura de Bertha fere a ortogonalidade do plano em 45° cientificamente medidos. O doutor De Jaegher ficou incomodado. Além da inauguração forçada, ainda essa. O jeito vai ser a Comissão incorporar mais um carneiro, para retificar. Eu, por mim, na birra que nutro pelos excessos do positivismo, achei foi bom, e penso que Bertha também, pelo seu jeito de livre pensadora terá ficado bem, de través, de esguelha, oblíqua, desobediente aos ditames, aos deitadores de regra. Uma vez, acompanhando Clarita nas aulas do catecismo, ela citou Diderot: *Desconfiem de quem quer impor a ordem*. Menina inteligente, engraçada, bondosa. Estava entusiasmada com o baile, queria que eu fosse. E eu, inclinado a ir. Pela música, que iria ser boa, e pelos pais, por ela e por Marguerite, uma beleza recatada, não a vejo senão na igreja e perto de sua casa, no jogo da bocha que o Menelick acha sempre jeito de marcar. As três graças do doutor De Jaegher, visão pictural no Largo do Rosário. Difícil acreditar que Bertha lá não estará mais.

Cachoeira, luz elétrica e convescote

Um pic-nic

Sob o pretexto
de examinar a grande cachoeira
que se acaba de adquirir
para motor da illuminação electrica,
o dr. Bicalho realizou domingo ultimo
um bello pic-nic.
Compareceram moças e senhoras,
rapazes e crianças.
O dia apresentou-se esplendido
— dia de benigno verão,
cheio de sol,
cheio de luz,
como apparelhado de proposito
para uma bella festa campesina.
Neste logar privilegiado
que foi outr'ora o Curral d'El-Rey,
ha sempre encantadores sitios,
golpes de vista formosos,
muita vegetação e muita agua.
Com taes elementos,
é bem de ver-se que o convescote foi inexcedivel
— uma dessas partidas de prazer
que se não esquecem mais.

A Capital

Belo Horizonte, domingo
21 de fevereiro de 1897

A vida continua: volto do piquenique no Freitas, depois do Carapuça, junto à queda do Arrudas onde vai ser gerada a eletricidade. A rapaziada embrenhou-se na mata e voltou com uma cobra em uma forquilha, infundindo pânico entre mulheres e crianças, que se levantaram correndo, espalhando pelo mato rasteiro as virtualhas das mesas montadas no bosque. Vendo o alvoroço e a brejeirice das moças, não pude deixar de pensar em Philomella, nome de princesa grega mítica tornada em rouxinol, pássaro migratório do Velho Mundo, que alguns colaboradores do *A Capital,* que perpetram versos, deram à musa da redação, estrangeira *smart*, como dizem, que sei quem é. Boêmios inveterados, diante da iluminada moça, mais que da ainda mais bela irmã, na igreja, nas procissões, nos bailes, se encabulavam. Desabusados para escrever sobre tudo, sob pseudônimo, a cada hora um ou mesmo nenhum, perante a prematura e inesperada morte, se calaram. Nenhuma linha no *A Capital* sobre a luz que se apagou. Só sobre a luz que se acenderá na Capital. Se noticiaram morte local em janeiro, a da mãe do senhor Edwards, anciã demente, porque não a da lúcida filha do doutor De Jaegher? Terá o coronel Pisca-pisca impedido de expor o aspecto vulnerável da cidade, a insalubridade, para não comprometer o êxito da mudança? Ficam todos a dever a Bertha. Enviei protesto ao Azevedo Junior, a repassar ao Arthur Lobo e demais vates: *Este lugar já paga preço demasiado alto para deixar de ser um Acaba Mundo. Si.*

O ano seguinte

O triumpho

Estamos convencidos,
repetimos,
de que esta já bella cidade será muito brevemente
um grande centro de actividade intellectual,
commercial,
industrial e artistica,
não lhe faltando todo o fausto
e todas as commodidades da vida moderna.
Esforcemo-nos todos,
pois,
governantes e governados,
pela consecução deste desiderato;
para que as manifestações do progresso material e moral
se alarguem mais e mais,
extendendo-se a todo o Estado;
e nós,
fruindo prosperidade,
conscientes da nossa missão,
cada vez mais nos tornaremos dignos
dos foros de povo civilisado,
sabendo executar plenamente
o regimen proclamado a 15 de novembro,
o unico capaz de fazer a felicidade
do livre continente americano.
Mais uma vez
Salve, Minas!

A Capital

Grinalda de ferro para uma virgem

Cemiterio definitivo

No quadro n.° 5
visitamos a sua sepultura,
que é constituida por um gradil de ferro, em quadro,
de cujo centro se ergue um bello e vigoroso cipreste,
cobrindo de sombra amena o jazigo,
onde ha uma cruz de madeira com o nome da extincta,
o anno do seu nascimento e o de seu enterramento,
alem de uma velha coroa metallica
carcomida pela acção do tempo,
com uma inscrição illegivel.

Abilio Barreto

Belo Horizonte, sábado
26 de novembro de 1898

O doutor De Jaegher, coitado, voltou da Bélgica no dia 9, trazendo de vez o filho, que aqui esteve logo após a morte da irmã, agora já engenheiro, flamengão bonito, varapau. Bertha não pôde rever Fritz nem ver a inauguração da cidade, que já vai completar um ano, mas esse não era sonho dela, mas do pai, que importou e montou em tempo as belas escadarias e os portões do Palácio da Liberdade e das secretarias e, entre outras obras de arte, a ponte metálica sobre o Arrudas, ligando a área central com a Avenida dos Tocantins. Na viagem, trouxe das suas usinas este rendado gradil de ferro, pintado de branco, com portão de duas folhas, para uso particular, neste novo, mas ainda desolado cemitério, cercado apenas com mourões e arame farpado, com porteira de madeira mal-lavrada na entrada, mais parecendo de curral, discrepante com a Capital. A involuntária desobediência da sepultura ao plano o incomodou. Ele obteve licença do Prefeito para cercá-la, a modo de a delimitar e enquadrar no traçado. Compõem o recinto folhagens e o cipreste que lhe garantirá sombra, não é após a morte que ele descurará da filha, que ainda o preocupa, ela nunca suportou bem o sol tropical. Guarnece o jardinzinho adorno que, em abril, chegou desmontado às mãos do agente da Cidade de Minas no Rio, vindo do porto de Anvers pelo vapor Maskeline entre objetos destinados à Comissão. O doutor Cogorno de Oliveira, mesmo prevenido das três caixas, estranhou o peso do inusitado conteúdo.

Trezentos e quarenta quilos de flores fundidas em ferro! Em duas caixas, montadas depois no aro com bela inscrição, vindo na terceira. Pesada grinalda para uma jovem. Ornaria bem os cento e vinte anos da africana Rita Marqueza, enterrada em meados de outubro, justo no mês do Reisado Congo. Uma exceção, morreu de velhice. Seis meses após Bertha, perto dela, jaz o rapaz que levantou a cerca, Francisco, filho do senhor José Gonçalves de Mello. O nome Salvador também não surtiu efeito sobre o sarampão hemorrágico de caráter maligno que o levou. O usineiro tem agora um cavalo branco para vir ao cemitério, que monta ou atrela a um carro quando se trata de acompanhar a construção da casa na chácara que adquiriu na rua Jacuí, ou melhor, na trilha que leva ao José Cleto, ou gerenciar a implantação da estrada de ferro que ligará o ramal com a Oeste de Minas. Criou raízes no Brasil. É evidente que tantas realizações despertaram detratores. Em desagravo, muitos foram dar-lhe boas vindas, inclusive eu, que acompanho a família e o padre hoje na benção do gradil. Em Sabará, teve a defesa do Luiz Cassiano em *O Contemporaneo*, que o Azevedo Junior corroborou em nota no *Bello Horizonte*. Na Bélgica, o doutor De Jaegher empenhou-se em formar um sindicato de capitais, levou documentos do governo para enfrentar preconceitos que travam o crédito ao Brasil por conta da falência da Guahy, fez publicar na *Revue du Brésil* vistas das edificações oficiais e em *suelto* a *Lei Estadual das Ferrovias*, além de apresentar relatório sobre o Estado de Minas, a complementar com um especial sobre a Capital. Que entre nós continua a ser Belo Horizonte. É a escolha da sua gente, está na boca do povo. Cidade de Minas vai no papel, apenas pseudônimo, como para mim é Antonio Augusto José. Meu nome é Si.

O apagar das luzes

Por montes e valles

Construimos,
é verdade,
uma capital para os filhos do Estado de Minas;
mas esses mineiros são igualmente filhos do seculo das luzes ou,
talvez antes, do seculo XX, que se lhe segue;
porque só para essa epoca é que se poderá contar
com uma capital mineira,
dotada de todos os recursos,
com que a pretendem enfeitar.

Minas Geraes
Alfredo Riancho (Alfredo Camarate)

Gaifona

Hontem a luz... a luz moderna
era uma vez... não deu de si
na rua, vi muita lanterna...
isto em curral de novo... vi!
Escuridão... escuridão...
escorregão... e trambolhão...
mas viva a nossa Prefeitura
que dos impostos não descura!
pois é de truz
morde no cobre e não dá luz!

Bello Horizonte
Bebé

Diabos de luneta

*Sociedade anonyma de bohemios messianicos que vêm
annunciar ás massas o Evangelho da
CHALAÇACAPITAL SOCIAL...
Juventude e talento!*

PROCLAMAÇÃO

<u>INDIGENAS</u>! *Plutão rejubila! Proserpina vibra como um canario
ao sol! O Inferno tatala na effervecencia dos enthusiasmos
superpositorios, porquanto o* PLANO *do carnaval já está traçado
com a grandiosidade flammejante das cerebrações luminosas; e
a magnitude ingenita do arrojado commetimento ficará ligada
aos nomes dos DIABOS DE LUNETA, cujas effigies vão ficar
palpitando e bulindo nas linhas serenas dos Paros Immortaes!
Que o acontecimento seja celebrado em versos satanicos!...
Richepin,bardo de Averno, afina a tua lyra e ejacula para ahi o
caudal da inspiração. Burguezes! Tirae os vossos chapéos hediondos!*

Alas! abri alas para a

MUSA DA FOLIA

O Musa da beberreira,	*Ó Musa rimbombante,*
ó Musa dos foliões,	*ó Musa de cornetim,*
puxa agora esta fieira	*tua alma no verso cante,*
no passo dos jamegões,	*da rima sopre o flautim!*
ó tu, de forma faceira,	*Que seja o verso vibrante,*
rainha das tentações,	*vibrante como um clarim.*
ó Musa da beberreira,	*ó Musa rebimbombante,*
ó Musa dos foliões!	*ó Musa de cornetim!*

*Silencio, animal! Richepin, guarda o teu plectro bestialisado!
Reparemos este incidente com uma choreographia
circumstanciada! Saltem agora os calungas no passo do syri-
sem unhas! Entra, Juca! Ahi, mantena! Ataca, Felippe!*
Hip, Hip, Hip!

Diario de Minas
Mephistopheles – Secretario

CLUB CARNAVALESCO D.L.
Vipivapa apa panpandepegapa!
E ferrevoforroehferreh! Safarravoforroehferre!
VERBORRHEA:
Embasbacae, ó povos daquem e dalem ACABA MUNDO,
ante o cortejo triumphal dos intemeratos DIABOS DE LUNETA
...
Diario de Minas

CARNAVAL
Evohé, Momo!
O teu reinado começa hoje:
a mascarada vae desfilar por estas ruas somnolentas,
immensas como a pobreza,
triste como o caiporismo!
Vens trazer a cada um de nós o vinho capitoso da alegria
e pena é que não tragas,
ao menos para consolo dos olhos,
*ao prestito dos **Diabos de luneta**,*
a graça estonteante das vivandeiras do batalhão de Cythera.
Encontras toda a gente taciturna,
como se todos soffressem de hepatite.
Qual! o soffrimento geral é a thysica das algibeiras e diz-se por
ahi que o remedio só o gordanchudo do dr. Jaegher pode dar.
*Elle é o nosso **jatahy**... em fabricação apenas,*
porque Minas tosse, Minas sua frio, Minas tem vertigens,
Minas quer morrer.

Bello Horizonte

Belo Horizonte, terça-feira
14 de fevereiro de 1899

Terça-feira Gorda. Desde que saí livre do júri em Uberaba, assumi como redator literário o *Diario de Minas* e colaboro no *Bello Horizonte*. Para recuperar o estro, absorvi o culto à nossa musa, *in memoriam*. Ficamos todos a dever a ela, como acusou o leitor Si à época. Estaria fazendo hoje vinte e dois anos. Não viveu para habitar a Cidade de Minas, com luz elétrica, gelo, sorvete, e agora o primeiro Carnaval. Vão desaparecer as últimas casas velhas sob ordens do novo Prefeito, o doutor Francisco Antonio de Salles, ainda há lama, pó e redemunhos. A cidade se esvaziou de gente e de dinheiro. Estamos na Hipotecópolis: fisco pesado, queda do café, quebradeira financeira, degradação de costumes: o proprietário da primeira casa da Capital, na esquina da Avenida Amazonas com Rua dos Tupinambás, montou ali o Hotel Monte Verde, decaiu em bordel. Sob protestos das famílias e pressão do Capitão Lopes, o moralizou, e abriu com outro polaco, o Spiller, tocador de concertina, na Avenida do Contorno, subindo da Estação, numa capoeira que lhe dá nome, o Hotel Floresta, bom-será de quartos de encontros, suburra, ponto de mundanas, não mais vagabundas. Evoé! No Reinado de Momo, seja calado o choro, que aqui não são só ciprestes e tristezas lamartinianas e azevedianas. Na Avenida Liberdade, gambiarras de lâmpadas coloridas! Casas embandeiradas e iluminadas *a giorno*: a do comerciante Oscar Trompowsky, a do médico Salvador, na esquina com Rua dos Guajajaras, nesta, a Papelaria Riant e, na Rua da Bahia, o Restaurant do Congresso.

Às quatro da tarde de domingo, a cavalo, dois clarins de narizes postiços anunciaram a alta escola montada: o criador e presidente, doutor Salvador, de cartola, todo de negro, escoltado pela diretoria, fitas rubro-negras nos braços direitos, emblema do Clube Diabos de luneta. Atrás, o Carro do Diabo: encarapitado numa caverna rodeada de serpentes douradas, o porta-estandarte com o demoníaco lábaro. Dentro, dois diabos em sentinela. Seguiam o carro da crítica ao Judiciário, o do nascimento do Carnaval na Cidade, com uma menina eclodindo de grande ovo legendado, *Surge et ambula*. Puxado por cabritos, o da Bandeira Nacional, levada por dois meninos. Vinha então o carro dos chins e o da crítica à Imprensa: o Berredo, com o chapéu mole a três pancadas do Azevedo Junior, dava seus *béstias!* de diretor do *Bello Horizonte*. Diogo de Vasconcellos Junior chorava pela Hemengarda do poema do João Kubitschek, do *Minas Geraes*. O Altino, de bigodão, tagarelava *a la* Mendes Pimentel, do *Diario de Minas*. Tudo se selava no carro da crítica ao Imposto do Selo. No da Pindahyba Geral, cofre vazio, no da Ajuda de Custo, duas garrafas e enorme Seringa da Salvação, no do Jogo dos Bichos, a bicharia. Em carros sem tema, fantasias várias. A pé, mascarados, turcos sanfoneiros com urso flautista dançarino e macaco, menina República, menino de bloco de folhinha de destacar, Bumba Meu Boi, Jacques Compraux & Manon Pagaux, hilários a vender tecidos a litro e arroz a metro. A banda da Brigada, incansável nos dobrados, rompia o Zé Pereira. Chuva de serpentinas e batalha de dois mil e cem quilos de confeti colorido. Os clarins só deram o recolher às oito, em frente à casa do doutor Salvador, para onde se levou o estandarte, dando sequência, com soirée dançante, ao Primeiro Reinado de Momo! L.

A uma passante

Impressões

O correio

Flanando por essas ruas desertas douradas pelo sol da tarde,
ouvindo a orchestra do passaredo pelas frondes das arvores
emergindo dos quintaes murados ou cercados,
fui hoje ter á agencia do correio,
uma casinhola réles,
branquejando no alto das Cavalhadas,
caminho do cemiterio.
...
Morro abaixo,
entre o verde viçoso das hortas,
das mattas,
a cidade espalhava a sua casaria
e a fita das estradas cintava morros e collinas.
...
na torre o velho relogio zanguerreava o ruido de ferragens
...
Em caminho,
encontrei o meu collega juiz de direito,
que passára os olhos pelas folhas, nada de novo
— cambio baixo, café baixo...
oh! a Republica... a Republica!
Feliz homem!

Bello Horizonte

Bohemios

...

e,

après le dîner,

um gyro pelo Parque,

ahi onde já não se vê

a petulante silhueta do Esquerdo,

de monoculo,

*cavalgando o **velo**!*

Braço dado ás tuas irmãs,

formando garrida fileira,

passeias,

entre risos que trillam como canarios ao sol,

por aquellas ruas ermas nos dias uteis,

emquanto a banda da Brigada chora walsas melancholicas

ou cantarola polkas saltitantes

...

Deus meu!

que monotonia!

que estupidez!

e que malvado é o sol,

*fazendo **chomage como** qualquer operario madraço logo hoje,*

em que tens de ir á missa para enlevo dos olhos

dos moços devotos que adoram as santas catitas,

*que **flirtam,***

e que são as musas dos poetas!

Diario de Minas
Pif

Belo Horizonte, sexta-feira
17 de março de 1899

Tocado por sopro estival, valorizando como nunca minha liberdade, flutuo, pouso junto ao Parque, convoco nossa musa e anoto meu devaneio: *Na linha suave da avenida as aguas das chuvas escoam pelas sargetas, porque celebrou-se um armisticio nestes dias de invernada e o arcoiris desenha o symbolo da alliança no céo lavado, de uma limpidez immaterial. Ha sol. E eis que no passeio fronteiro assoma uma figura deslumbrante de mulher bonita. A sua apparição é como um pouco de luz electrica lançado para a negridão da noite. Não sei o que nela resplandece e canta, fulge e chilréa. As cores vivas e harmoniosas do seu vestido acordam num destaque com as meias tintas do dia. Ha um deslumbramento pela avenida; os lojistas às portas das casas foram fulminados de estupefacção bovina; os caixeiros sorriem alvarmente, e os raros transeuntes que se aventuram pelas ruas molhadas, voltam a cabeça para o poente luminoso, em que a imagem de mulher formosa triumphalmente se afunda, deslumbrando-os com a irradiação espiritual da sua graça. De onde veio a bella forasteira? Eu lembro-me de ter visto esta mulher apparecer sempre, antes e depois das chuvas; parece sentir prazer mesmo em constellar-se de alguns respingos, e ninguém imagina a graça com que se ergue a sua saia cor de malva para transpor aos saltinhos as poças d'agua, pondo em evidencia as duas botas mais finas e mais delicadas que têm calçado os pés das mulheres formosas. O seu andar de uma suprema elegancia prima, porém, pela rapidez e naturalidade dos movimentos; o passo é miudo e egual e os tacões da botina pontilham o passeio de um rythmo jucundo.*

A cabeça, traz um chapéo de lebre claro, de aba levantada, no qual se ostenta uma andorinha. Que preferencia bizarra! Por que escolheu ella uma andorinha empalhada para figurar a aba elegante do chapéo? Que secreta analogia explicará a razão latente do seu capricho? E, emquanto formulo mentalmente estas questões, a bella forasteira desliza pelo passeio, direi mesmo que vôa, porque o seu passo miudo e veloz da-lhe uma apparencia de quem saltita como uma ave caprichosa, que se divertisse no parenthesis de sol aberto na invernada do dia. Esforço-me por lembrar-me onde vi esta formosa mulher: no theatro? num café concerto? numa kermessse annual? Não me recordo. Sei, porém, que a hei visto periodicamente, numa certa estação do anno. Exactamente! – por ocasião das chuvas. Quando vem o estio, ella desapparece, emigra não sei para que paiz formoso, a julgar pela prova que nos remette na pessoa da bella estrangeira. Francesa? hespanhola? italiana? Talvez seja tudo isso, porque reune a graça parisiense à alma apaixonada da romana moderna; quanto aos olhos, si não pertencem à alguma constellação, são genuinamente andaluzes. Cantora? Escriptora? **Touriste?** *É possivel que seja tudo isso, não importa! O que fica provado é que possue uma seducção ineffavel. Parece estar constantemente sorrindo; mas o seu sorriso não reponta da bocca que está fechada: os seus sorrisos vêm dos olhos; que cousa surpreendente! Os seus olhos sorriem, mesmo quando a physionomia conserva-se séria, os olhos a atraiçoam – olhos gaiatos, sorridentes, hilares. E emquanto o chuvisco ainda respinga do céo, ella continua a saltitar, satisfeita, lepida, feliz – porque adora tanto as chuvas que muda de um hemispherio para outro, assim que termina num a estação que começa noutro. E talvez por isto que um poeta das minhas relações poz-lhe este gracioso nome: Philomella. L.* (p.s.: não ficaria melhor no chapéu da musa um rouxinol? Vislumbro, mas não menciono, um para–sol delicado, de renda branca.)

Nossa Senhora dos Navegantes

Impressões

A cidade

Cidade isto?
Será quando muito uma aldeia de ruas tortuosas,
com um calçamento impossivel,
de pedras roliças,
de pedras ponteagudas,
constituindo o desespero dos meus calos.
À noite,
a treva é compacta,
si o bom Deus não accende a "Lampada de prata",
para me servir da imagem de um orador cá da terra.
A camara organizou posturas;
mas qual!
cada um faz o que quer,
e o lixo das casas amontoa-se por ahi afóra,
e os bacorinhos e cabritos pascem às soltas.
...
Silencio de estupidificar o mais tagarella.
A santissima paz das cousas mortas,
imprestaveis.
No largo,
cuja relva muares retouçam,
velhissimo chafariz onde uma carranca lança agua no tanque,
num murmurinho de fonte,
dormente.

De espaço a espaço,
o relogio antiquissimo da matriz,
num tanger de correntes,
bate as horas e os quartos:
macrobio,
parece marcar a eternidade.
Nas ruas,
nem viv'alma!
Tudo quieto,
tedioso,
besta como os sermões do vigario.
Dir-se-ia uma cidade morta,
abandonada nestes sertões.
Oh! o bucolismo da roça!
Como isto ha de ser adoravelmente visto de longe da capital,
de ti mesmo,
oh! Paulicéa,
para onde meu pensamento vôa,
nostalgico,
desesperado de tanta solidão,
nest'hora da tarde em que escrevo este capitulo,
emquanto o molecote que me prepara os feijões
assobia um lundú requebrado,
avivando as minhas saudades dos forrobodós,
em que tu,
estonteante Julita,
bamboleavas faceiramente o teu corpo de linhas impecaveis.
Deus meu!
que immenso bocejo que isto é!

Bello Horizonte

Belo Horizonte, domingo
19 de março de 1899

São nove horas, dizem as badaladas que faziam o doutor Camarate, ao tempo da Comissão, perder o sorriso voltaireano sob as barbas brancas e proferir entredentes: *Que espiga!* Mesma reação de quando topava com animais soltos ao flanar pelas ruas com as indefectíveis calças de brim pardo, paletó parelho, chapéu enterrado na calva. Nada disso mudou: o relógio zangarreia, porcos refocilam a lama e continua vagante, faz já um mês, o rosilho magro, desferrado, de pouca crina, os anúncios por conta no jornal estão para mais do que ele vale. O que mudou foi o próprio alfacinha, para São Paulo, a buscar velocidade. Não a dos cavalos, com esses é rédea curta, prefere cavalgar pianos e a máquina de escrever, tão antiga quanto ele, beirando os sessenta. Ainda assim, quer a rapidez dos fatos. No *Correio Paulistano*, assina seção leve, desopilante, *Et Coetera*, como Alberto Screw, que cá arrochava parafusos. Pela pena do prefeito Antonio Prado, vem de abiscoitar o cargo de inspetor de fiscalização urbana. Gajo de olho vivo e, não se discute, muito apto em suas muitas aptidões: jornalista de muito humor, guarda-livros, compositor, maestro de orquestra e banda, inspetor de ensino de conservatório, pintor e desenhista de horas vagas, pianista, flautista, clarinetista, ocarinista, realejista, telefonista, fotógrafo, escrevente a máquina e mão de boas histórias, *currente calamo*, crítico musical, arquiteto, analista de projetos, empreiteiro, mete*reo*logista, pescador, defensor do oficleide, detrator de mestres tipógrafos e mecanismos emperrados: *Grande preguiça no relógio da Matriz!* diria ele.

Digo eu: Grande animação na nave da Matriz! Cuja enchente está de novo como dantes. O casal De Jaegher com os filhos Fritz, Marguerite e Clara. O engenheiro, nomeado cônsul da Bélgica em Minas, expande sua área de atuação, acaba de inaugurar, na divisa com o estado do Rio, uma ponte treliçada em aço na ferrovia sobre o Paraibuna. O Theodoro Abreu, também com a família, ainda receoso que faça compras na praça em seu nome o entregador da Farmácia, conhecido por Menelick, que abrigava em sua casa. Há um mês e meio o ingrato fugiu. Poucos dias antes do golpe na igreja. No fatídico dia 30 de janeiro, véspera do natalício do padre, a primeiro de fevereiro, e da festa dos Navegantes, no dia 2, ladrões sacrílegos adiantaram um belo presente de grego. Sem arrombamento. Haviam entrado no dia anterior disfarçados em fiéis e ficaram escondidos no bojo da igreja como em um Cavalo de Tróia. Na calada da noite, roubaram o serviço completo de alfaias. Surrupiaram o cálice de ouro e toda a prata: duas lâmpadas grandes, coroa, jarro, castiçais, custódia, galheteiros, patena, luneta e, para cúmulo do absurdo, violaram o sacrário, levando a âmbula com o Santíssimo. O diocesano enviou ao padre telegrama patético: *Desgraçados tempos! Faça um acto de desagravo com a maior solemnidade possivel, expondo o SS. Sacramento, rezando a ladainha dos santos, ou cantando. Pode ser por dous ou tres dias. Quanto ao mais, recorra à policia. Deus tenha pena de nós.* Tal pena significa quarenta contos e trezentos mil réis. Feito alarde pelos jornais, foi suspensa a atividade na Matriz, interditada *sine die*, organizada comissão, programados concertos, quermesse, leilão. Chovem donativos. Até durante o Tríduo Momesco, algumas crianças fantasiadas adentraram meu escritório esmolando em prol da fábrica da igreja.

As missas e cerimônias estavam acontecendo no Colégio da Imaculada e na nova Capela do Rosário, a versão gótica do doutor Magalhães. A procissão com o Santíssimo foi a 19 de fevereiro, após os três dias prescritos de preces. O vigário pediu aos proprietários dos negócios que cerrassem as portas à passagem do préstito, que saiu da Capela ao meio-dia, acompanhado das alunas do Colégio, levando o respectivo estandarte, desceu a Rua de São Paulo até a Avenida Afonso Pena, subiu a Rua da Bahia até a dos Timbiras e desceu para a Matriz, onde foi recebido por alunos do colégio da professora Maria Silva em alas com velas acesas. Bela a prática do Cônego Cyrillo, que deu a devida bênção. A padroeira tem afinal sua comemoração, repostas as alfaias, como Deus é servido. Quanto a mim, que venho só gozar o ambiente e trabalhar, começo minha crônica como Ele nos serve, com o belíssimo dia: *A cidade despertou hoje alegre, com o bimbalhar do sino a parecer que sonorisava o ar suave, fresco, em que se sentia o cheiro de folhagens molhadas. O céu de um azul lavado e claro faiscava a poeirada luminosa do sol, à hora em que despertei. Hoje é a festa da padroeira da cidade: a Senhora dos Navegantes, e ninguem aqui me explica o motivo porque se foi buscar o patrocinio dessa santa.* Busco resposta pela nave e navegantes, deixo venerandos paletós, fraques amarfanhados, a sobrecasaca sebosa do juiz, o duro casaco da feia esposa, por casaquinhos macios de baeta, pelúcia, merinó, flanela de lã, donde escapam cintilâncias de seda, palha-de-seda, cetim, cetineta de cor lisa ou branca, matizada, lavrada, e faile, tafetá, moarê, chamalote, cretone francês, alemão, amarelo, rosa, azul legítimo especial, em bolas, listrado moderno, xadrez, fantasia, entremeadas de transparências de cassa da Índia, crepe da China, musselina, organza, organdi, com *fanfreluches* de gaze, filó, renda, guipura, tira bordada...

Desprendem-se dos bons tecidos fragrâncias suaves de sabonetes e perfumes de autoria, Roger Gallet, Pinaud e Houbigant, engolfadas por ondas de águas baratas liberadas das rudezas do Marzagão ao senta e levanta dos bancos. Chegam o pechoso marcante da quadrilha brasileira do sarau, fatiota cor de gitiranaboia, lenço ao pescoço, e a dama gorda com quem cruzei no balancê, vim a saber professora cá da terra. Ajeitam-se entre o rapaz de fraque pechisbeque, recitador de *Amor e Medo* que faria tremer a tumba do Casimiro de Abreu, e a mocinha telegrafista de inútil recado amoroso quando da minha deglutição de Fritz Mack tão detestável quanto a lembrança de que o Azevedo Junior sai do jornal no dia 31, pois inscreveu um escândalo: *Aqui não se engrossa.* Babas de bajulação, vivórios e festanças ante a visita do presidente Campos Salles depois de amanhã. O padre diz não se meter em política, mas, na calada, conta votos de antonistas contra pereiristas. A primeiro de abril, na tipografia, abre internato, semi-internato e externato para meninos de até quatorze anos. Louve-se, não renega crenças, ritos e ritmos de seus antepassados, a missa toma rumo exótico, de cantada passa a quase dançada, assunto *smart,* muito *v'lan,* para minha redação de corpo presente: *Ha algo de africano na solemnidade com esse pittoresco* **reinado,** *em que creoulos, de cocares e tangas, camisas de meia com largas manchas de suor,* **maillot** *de um côr de rosa duvidoso, passam dançando ao som de caixas de rufo, n'uma toada monotona, na melopéa dormente da terra de seus avós. Creoulas faceiras, pimponando vestuarios de cores vivas, acompanham o farrancho como* **juizas** *e negralhões espadaúdos, enfronhados em fardas velhas de officiaes da Guarda Nacional, formam o cortejo constituindo esse grupo um não sei que ridiculo e de profanação dentro do templo, relesmente enfeitado de flores de papel.*

No côro, o *Lulú*, *bigode pintado*, *desafina desastradamente*, *pobre tenor arrebatado pelos janeiros*. O homem do rabecão *dá fortes arcadas*, *e a sua careca perolizada de suor scintila de encontro à luz que entra pela janela*. A egreja se enche da *multidão e os typos de roceiros se accentuam*, *apparecem*. Ao *lado da grade*, *vejo*, *grave e sério*, *o meu collega juiz de direito*, *ouvindo com respeito significativo a longa missa cantada*. *Moços e moças da cidade cochicham*, *riem*, *namoram alheios ao cerimonial religioso*, *que o vigario*, *abafado na sobrepeliz rutilando os florões dourados*, *vae desenrolando*, *entre nuvens de incenso colleando*, *distendendo-se*, *esgarçando-se vagarosamente na nave*. *Fóra*, *no adro*, *a molecagem rodeia o feixe de foguetes e*, *quando irrompeu* **Gloria**, *como clangor de hymno*, *o sino num repique mais vibrante bimbalha e trilla; a musica*, *no côro*, *em* **fortissimo**, *vibra por toda a egreja e o tinido dos pratos metallicos e o battido do zabumba tornam quasi indistincta a voz do vigario. O foguetorio espouca nos ares*, *ao alarido da creançada correndo para apanhar as flechas*. *Os cyrios*, *o traje multicor dos fieis — tudo aquillo dá à solemnidade um cunho extravagante*, *que é uma delicia para os olhos daquelles que como eu não veem nada além disso*. *As pennas oscillantes dos cocares*, *o doirado das fardas do* **reinado** *sob o docel de côr fanada — me fazem lembrar um destes "ensembles" de final de opera — comica... O mulherio*, *num sussurrar de phrases*, *desfia as suas rezas*. *Olho para o Lulú: o misero tenor está esbofado*, *extennuado*, *e a* **prima dona**, *em* **toilette** *preta*, *de costuras à mostra*, *limpa os beiços no lenço*, *a tresandar a agua de Colonia*. *À tarde vamos ter procissão... diz um velhote*, *que lamenta a pobresa da festa*, *e relembra a pompa com que ella era outr'ora celebrada... — Ah! dr.*, *é que então não tinhamos cambio a 7 nem esta patifaria da Republica*. Ah! A República. Ah! A Mudança da Capital. Ah! A Comissão Construtora. Ah! A Santa Madre Igreja. Ah! O Carnaval.

209

Ah! Os Diabos de Luneta. Arre, Diabos! Falei em Diabos dentro do Templo! É que o Nosso Salvador veio da Cidade da Bahia para nos salvar do triste Entrudo, da bombástica Igreja, do insano Positivismo, entronizando Momo. Realizou o Casamento do Céu & Inferno ansiado por William Blake. Eu, que não vejo o Além, olho a Santa no Trono do Altar-Mor e insisto: por que Senhora dos Navegantes onde não há águas navegáveis? Ah! Meu Cristinho Brasileiro da Pobre Túnica Azul Real! O sertão vai mesmo virar praia por conta da histórica chuva, custosa no Curral del Rei, calamitosa no Arraial do Belo Horizonte, aborrecida na Cidade de Minas? Ah! a Cidade Morta, lá fora. Ah! Nossa Senhora dos Navegantes, na vossa nave, o Belo Horizonte ainda vive! Foi por vossa graça a Matriz poupada e resta oblíqua ao traçado como a tumba de Philomella, contrariando a norma? Por que não mantivestes só o Amor e não livrastes o arraial vosso da Ordem e do Progresso que o varreram para todo o sempre do mapa? Por que não impedistes de ser também arrebatada a jovem que saiu das margens dos canais de Bruges, atravessou o Atlântico para vir sucumbir no lodaçal? Eu não tenho fé, mas a todas as maternidades invoco: Oh Nossa Senhora Supra Citada! Oh Nossa Senhora da Boa Viagem! Oh Nossa Senhora do Ó! Oh Santa Clotilde de Burgundy! Oh Vossa Bisneta, Santa Bertha! Oh Clotilde de Vaux, Santa da Religião da Humanidade, Patrona do Amor, da Ordem e do Progresso! Oh Santas Bárbaras! Oh Ndanda Lunda, Senhora de Tudo O Que Nasce, Gente, Bicho, Planta, Água! Oh Nanã, Mãe da Lama! Oh Gaia, Gea, Gê: Busto Nascente da Terra! Oh Rhea, Deusa da Silva! Oh Cibele, Dona da Natureza, Domadora das Feras! Oh Libera, Protetora da Cidade! Oh Jaci, Mãe da Lua! Oh Uiara, Mãe D'água! Oh Ci, Mãe de Todos Nós!

Oh Todas as Santas e Deusas do Céu, do Inferno, da Terra, do Fogo, da Água, do Ar, de Todos os Elementos, de Todos os Tempos! Rogai por nós. Oh Luzes deste Século! Oh Luzes deste Fim de Século! Oh Luzes do Século Por Vir! Iluminai-nos. Oh Nuvem leve que paira no ar suave e fresco, no céu de azul lavado e claro sob a poeirada luminosa do Sol, repete à Philomella, onde quer que ela esteja, o que profere tua nórdica irmã nuvem no enlace de Céu & Inferno: *Oh virgem, não sabes que nossos corcéis bebem das fontes douradas, onde o Amor resfolega seus cavalos? Vês minha juventude e temes, porque esvaneço e não mais sou vista, nada resta? Oh donzela, eu te digo, quando passo é para engrandecer a vida, o amor, a paz e os arrebatamentos misticos...* Que esses versos a consolem da longa viagem que tornou breve a sua existência. Que a cada estio, depois das chuvas que empapam nosso ferruginoso solo, jorrem dele, poço e fonte, as águas lustrais de sua imaginação e de seu delírio. Que se solte do lodo o corcel de sua juventude, a ele com meus versos eu digo: *Sob o jarrete electrico ferindo o cavo solo que a teu passo trôa, vai, como a setta, celere partindo, como uma setta, disparando vôa!* Vai, cava contracavalos na massa úmida do ar, passa, engrandece a vida, o amor, a paz e os arrebatamentos místicos, aqui onde desde cedo se cultivam as flores, dentro de casa, a protegido, enquanto fora de portas, espontâneos, explodem, estrelando nos morros as copadas noturnas das murtas, miríades de asteroides de leite talhado a se aninhar no urdume de folíolos fosforescentes. E incontinentes, vencendo espinhos nas quiçaças, desafiando o roxo das quaresmeiras, arfam sobre os longos e flexíveis hastis, em derrame desassombrado, escandaloso, despudorado, as corolas dos cosmos, cosmeas, amores-de-moça de vivíssima e solar cor laranja.L.

211

Amor? Ordem?

Progresso!

Programadas várias festividades para a passagem do século,
não foi possível realizá-las todas por causa da chuva
intensa e persistente
na última noite do Século XIX
e no primeiro dia
da atual centúria.
...
Assim,
não pôde ser celebrada a missa campal na Praça da Liberdade
e nem se fez a ereção do Cruzeiro
no alto da Av. Afonso Pena,
naquele primeiro dia.

Na Secretaria do Interior
(hoje da Educação),
o Presidente,
em sua saudação,
referiu-se à atual centúria nestes têrmos:
"o que será o Século XX?
Será o século da fraternidade,
do amor universal?"
...

Paulo Krüger Corrêa Mourão

Nossa Senhora de Copacabana

Traços Historicos e Descriptivos de
Bello Horizonte

Quando virem os sitios,
theatros de suas travessuras de infancia,
e logares,
onde outr'ora tiveram suas chacaras,
seus pomares,
suas casas,
suas fontes etc.,
transformadas em avenidas e ruas,
ou occupados por novos edificios publicos ou particulares;
quando virem os pontos que foram de alguma capella
ou de outro logar sagrado,
demudados em predios ou em praças;
...

Bello Horizonte
Padre Francisco Martins Dias

Rio de Janeiro, domingo
21 de abril de 1918

Cai a tarde, não em Iperoigue. Digo assim pois, mal comparando, escrevo na praia como Anchieta, entretanto, estou diante da baía de Guanabara e, longe de riscar belos versos sacros nas areias úmidas com um cajado, anoto mundanas reminiscências a lápis numa velha caderneta. E, pobre de mim, em trajes civis, deixei a batina, o que não vem ao caso. Prefiro não falar de minha vida, exceto que, após formar jovens e apascentar almas esses anos todos, moro aqui. Como há tempos mora o doutor De Jaegher. Faz um ano, vindo eu preparar a mudança, o vi, me deu o endereço, Rua São Luiz, 51, no Estácio. Ainda trabalhando, não enriqueceu, como poderia. Falou dos filhos. Marguerite casou-se com o Emilio Chaudon em 1905, eu já estava em Araras, São Paulo. Moram em Niterói. Fritz, que foi jogador do Sport Clube e catedrático de alemão no Ginásio Mineiro, também casado, está em São Paulo. Só Clarita ficou solteira. Clärchen, ele ainda diz. Subia com o doutor Tobias Moscoso, técnicos e autoridades a bordo do Anna, que veio de Laguna a queimar em sete dias trinta toneladas de carvão das minas de Urussanga, em Santa Catarina, na maior experiência nacional do combustível. O paquete já apitava para uma demonstração oficial em águas cariocas. O Progresso, a todo vapor! E a Ordem, aonde foi ela parar? Já são quatro anos de guerra mundial! Eu me lembro que o século XX, na Cidade de Minas, começou debaixo de chuva torrencial, sem os festejos programados e com a pergunta do Presidente do Estado: seria o século do Amor Universal?

Sou a mais antiga testemunha da primeira cidade brasileira projetada *in toto,* e seguindo a lei do Positivismo de Comte, *divisa in partes tres*: o Amor, a Ordem e o Progresso. Eu estava lá. A ela se ligam alguns infortúnios, antes mesmo da inauguração. O do Ovidio, em 96, e o de Bertha, no início de 97, jovens, saudáveis, ainda assim vítimas daquelas circunstâncias, representam os demais. Dos miúdos sem história, habitantes expulsos para a periferia, e operários, ocupantes da Hospedaria de Imigrantes, das cafuas da Favela da Estação, do Leitão, das beiras de linha. E de alguns graúdos. Em maio de 97, o construtor das primeiras casas a que dei a *domus novae*, o Luiz Lourenço Rodrigues, foi morto aqui no Largo da Carioca em troca de tiros com o major Rodolpho Chapot Prevost, também do arraial. A desdita atingiu também construtores da cidade das letras que se erguia simultânea à cidade real. Em julho ainda de 97, Arthur Lobo desfechou três tiros fatais em Antonio de Artiaga, seu diretor na Escola Normal em Uberaba, que lhe atirara um livro e apontara o revolver. O desafeto vinha de quando ambos escreviam para *A Capital*. Absolvido, o inditoso poeta abriu banca de procuratórios na Cidade de Minas e ainda escreveu, no *Diario de Minas* e no meu jornal, belas, mas cruéis *Impressões*. Partidário do amigo Augusto de Lima contra a nomeação do primeiro Juiz de Direito da Capital, o doutor Edmundo Lins, tinha o descoco de troçar pelo jornal desse colega seu no Fórum! Não poupava ao lente a penúria da casa, com credores à porta, o ensebado da sobrecasaca, o atraso da biblioteca, o avanço do reumatismo, a feiura da prole e da *figura sinistra da mulher, horrorosa*, comparada a *um sapo asqueroso a coaxar*! Bulia até comigo, avesso a meus sermões: *tediosos, bestas*! Escapavam as musas, Philomella, da Folia, de Maio. Assinava L., só, de Lobo. Lobo feroz, na fatiota marron, mas *mignon,* mesmo aumentado pelo chapéu coco.

Em 99, o arquiteto da Comissão, José de Magalhães, foi assassinado em Campos do Jordão, a faca, questão de limites. O Arthur Lobo, tísico, não durou muito. Morto aos trinta e dois anos, enterrado no cemitério definitivo. Era 1901. Já voltara então a ser Belo Horizonte a cidade da qual o Avelino Foscolo tirou implacável instantâneo no romance *A Capital,* publicado em 1903. Em 1904, morria pobre em São Paulo o Alfredo Camarate, solitário, ainda longe das duas filhas. Por onde andou, levou a pioneira *typewriter.* 1909 foi fatal para o carioca Azevedo Junior, o factótum do meu jornal. Anônimo, sob pseudônimo, de raro assinando o nome, enchia qualquer folha: *A Capital, Bello Horizonte, Bohemio, Diario de Minas.* Insatisfeito, saiu da direção do meu semanário, que havia tornado em diário. Eu, envolvido com o Imaculada e a abertura do colégio para meninos, o fechei, ele criou o *Jornal do Povo,* teve de também o fechar. Ironia, foi para *O Pharol,* em Juiz de Fora. Doente, voltou ao Rio, aqui faleceu, moço ainda. Ah, o tempo apagou quase todas aquelas nossas letras. Até as da guirlanda de Bertha... o túmulo permanece oblíquo, dá para ver, sob a terra, dentro da grade da concordância com Belo Horizonte. Que virou cidade grande. Diferente do arraial que vivi e fechei em livro para não desaparecer de todo. Dei minha juventude ali. Sob chuva desabada naquele primórdio como se fosse o choro do céu, sofri renitência de chefe político conservador da margem direita do Ribeirão me pondo abaixo de um burro, enfrentei caiporismo de ouro-pretanos e juiz-foranos no agouro da mudança, açodamento da Comissão, rigor do primeiro Engenheiro Chefe, expulsão dos fiéis, afluência de imigrantes desnorteados, invasão da vagabundagem, eclosão da violência, saque de ladrões sacrílegos, pressão da diocese, afronta de protestantes, conchavo de maçons, engrossamento da baba e da fumaça dos turiferários do poder.

Progresso a todo custo! Com o advento do cinema, vi que foi o mesmo que desbravar o Far West. Havia partido, era eu ainda muito jovem, de Vila Nova de Lima, antiga Congonhas de Sabará, antes do nascer do Sol, chapéu na cabeça, capa, serenava. Ia ajudar dois enviados do bispado, monsenhor Julio e o cônego Caetano, a afugentar lobos luteranos egressos do Sabará que rondavam o rebanho no Curral então sem pároco. Com duas léguas de trilhada pelos topes dos alcantilados tortuosos, descortinei, do Alto da Serra, dito Pico do Taquaril, um horizonte intérmino já se banhando de luz, anfiteatro com bancadas e arquibancadas sucessivas descrevendo um arco de mais de setenta quilômetros, ciclorama de cordilheiras, dorsos azulescentes sob nuvens distantes, a abarcar cômoros esparsos, verdeais com pontinhos brancos disseminados, uma que outra ermida, capelinhas desgarradas. Ali e acolá, aglutinam-se, conformando povoações pequeninas: a noroeste, Contagem, ao norte, Lagoa Santa, Matosinhos, Venda Nova, a nordeste, Santa Luzia, Sabará. A leste, pousada feito pomba no topo da Serra de Nossa Senhora da Piedade, solitária, a capela que lhe dá o nome, a tremeluzir. Alumbrado, baixei a vista e divisei o ermo perdido lá no meio do côncavo, duas torres entre casinhas, alvura despontando do verdume dos pomares cintados de longos muros, e cafuas avulsas, mescladas ao mato acinzentado pela barba de velho a agonizar no planalto manso até morrer na margem serpentante do Ribeirão Grande. Lembro que escrevi a um colega: *O mesmo que sentiu ao partir para a solidão de sua freguezia, senti também eu. Seja firme, controle-se e espere. Adeus.* Eu esperei, muito. Ah! em tempo: na época, nem se sonhava com o automóvel. A cidade supôs tração animal. Eu cheguei a cavalo.

Post scriptum

Traços Historicos e Descriptivos de
Bello Horizonte
...
quando tudo isso examinarem e,
lançando um olhar retrospectivo,
phantasiarem na sua mente a antiga povoação
tal qual então era,
sem duvida que deixarão sahir
de entre as dobras de um coração ingenuo
um profundo suspiro que se traduz
— saudades do Curral d'El Rei!
saudades de Bello Horizonte!

Bello Horizonte
Padre Francisco Martins Dias

Um coração simples

Assim,
ao cair da tarde daquele dia
20 de setembro de 1895,
palmilhando aquela mesma estrada
outrora batida pelos mascates e boiadeiros
vindos dos sertões do São Francisco e da Bahia,
ao atingirmos o alto da Lagoinha,
ouvi o Jacinto dizer,
indicando com o dedo o casario
que se espraiava à nossa frente,
ao longe:
– Lá está Belo Horizonte!
– Deveras?
retruquei surpreso,
tomado de desconcertante desilusão.

Abílio Barreto

*Na maquete do Arraial do Belo Horizonte,
encomendada e orientada por Abílio Barreto para inaugurar
o Museu Histórico de Belo Horizonte, hoje Museu Histórico Abílio Barreto,
via-se "a forma de um coração" por ele mencionada.*
(Foto da Coleção Municípios Mineiros, Arquivo Público Mineiro, s/a, s/d.)

Belo Horizonte, quarta-feira
5 de dezembro de 1928

Espalhavam-se as suas casinhas por entre aquella deliciosa alcatifa de verdura, em terra roxa, cafeeira, e vinham descendo, desde as encostas ondulantes, e se esparramavam pelo planalto, descendo mais pelo declive suave, tranquillas e salientes, numa paz edenica, convidando o espirito ao repouso, e a alma à felicidade. Nunca houve até então especie alguma de illuminação publica no arraial em cujas ruas era comum, nas noites escuras, toparem-se animaes deitados, sobre os quais não raro a gente trambolhonava. O povo era ordeiro e bom. Não havia mendigos nem ladrões.

...

Por um capricho da natureza, o pequeno arraial, que era assentado em terra fertilissima, excepção feita da parte recostada à serra, onde predominavam os mineraes de ferro e calcarios, tinha a forma de um coração, visto do alto, um coração alegre e feliz...

Abilio Barreto

Era uma vez uma segunda vez

O antigo nome do lugar,
Curral del Rei,
soa bem aos meus ouvidos,
como acontecerá provavelmente
aos amigos das nossas coisas tradicionais.
É um nome vernáculo,
castiço, adequado, pitoresco.
Mil vezes melhor,
incomparavelmente melhor que o atual,
Belo Horizonte,
pretensiosamente lírico,
bobalhonamente expressivo.
Disse-o ao Abílio:
— Agrada-me o nome Curral del Rei.
Devia-se restaurá-lo.
— Concordo,
mas já não temos Rei,
disse ele.
— Nesse caso,
Curral do Getúlio,
retruquei.
O Abílio sorriu contrafeito,
porque junto de nós,
a ouvir-nos
achavam-se
alguns visitantes.

Eduardo Frieiro

Belo Horizonte, sexta-feira
11 de setembro de 2009

Em 5 de março de 1894, a cravação da estaca zero do ramal férreo que ligaria o arraial do Belo Horizonte à Estrada de Ferro Central do Brasil deu início às obras da Nova Capital do Estado de Minas Gerais. A data marca também o início da destruição do povoado, cujo marco final foi a inauguração da Cidade de Minas em 12 de dezembro de 1897, poupada na zona urbana, por contrato com a diocese em Mariana, a Matriz de Nossa Senhora da Boa Viagem, demolida já avançado o século XX. Em 18 de fevereiro de 1943, no único remanescente do antigo Curral del Rei, o sobrado da Fazenda do Leitão, Abílio Barreto fundou o Museu Histórico de Belo Horizonte com livros, jornais, documentos e objetos, em especial a peça concebida, orientada e detalhada por ele, a grande maquete do arraial, que reconstituía a memória volumétrica do lugar ao qual chegara em lombo de besta aos doze anos de idade. É a peça destaque, símbolo, que mostra ao Prefeito Juscelino Kubitschek e ao governador Benedicto Valladares, gesto registrado em foto da inauguração do museu. No dia seguinte, a manchete do principal jornal local garantia: *Nada se perderá de agora em diante da história de Belo Horizonte*. Em 7 de maio de1945, Eduardo Frieiro registrou nas páginas do seu Novo Diário: *Pela terceira vez, estive no Museu de Belo Horizonte, ideado, criado, organizado e dirigido pelo Abílio Barreto. Gosto do sítio, muito aprazível, em que se acha, no caminho da antiga Colônia Afonso Pena. Gosto de algumas peças do Museu, que recordam a minha infância.*

*Gosto de conversar com o Abílio, a melhor peça do Museu da Cidade. E fico ali, muito tempo, a contemplar a perfeita **maquette** do arraial do Curral del Rei, que eu conheci em grande parte intato, quando para cá vim, menino, com meus pais, em 1897.* Faço minhas essas palavras, pois também fiquei ali, muito tempo, a contemplar a perfeita maquete do arraial do Curral del Rei, que eu conheci em grande parte intacta, quando para cá vim, menina, com meus pais, em 1951. E que visitei depois, com professoras e colegas do Grupo Barão do Rio Branco. E ficamos ali, muito tempo, a contemplar, enorme para nós, sobre bem uns dois metros quadrados acidentados de papelão cor de lama, chão do arraial, alvuras, duas torres despontando entre casinhas em fila, encerrando atrás de si, com longos muros, grandes quintais de figurado mato. Muitos que antes e depois assim o fizeram, é certo, nunca se esqueceram daquele presépio muito bem-guardado no Museu Histórico Abílio Barreto, como passou a ser chamado, em 1959. Em 1995, ou 96 (quem saberá?), inexplicavelmente procedeu-se ao descarte da inestimável peça, de feitura afetiva, único documento tridimensional completo do arraial, ícone da criação daquela casa de memória. Sem exposição de motivos, consulta a órgãos de restauração, laudo, parecer técnico, registro, descrição, sequer uma fotografia. Houvesse modo de comunicar a notícia ao fundador, dedicado historiador e memorialista, envergonhados diríamos, indicando com o dedo o sobrado do Leitão, restaurado e acrescido da moderna arquitetura que se espraia à nossa frente, bem perto:

— *Lá não está mais o seu arraial do Belo Horizonte!*

— *Deveras? O arraial teve então uma segunda destruição?*

Assim, na certa, Abílio Barreto retrucaria surpreso, mais uma vez tomado de desconcertante desilusão, como nós, diante da arbitrária subtração a que nada se somou.

QUALQUER LIVRO DO NOSSO CATÁLOGO NÃO ENCONTRADO NAS
LIVRARIAS PODE SER PEDIDO POR CARTA, FAX, TELEFONE OU PELA INTERNET.

Rua Aimorés, 981, 8º andar – Funcionários
Belo Horizonte-MG – CEP 30140-071

Tel: 55 (31) 3222 6819
Fax: 55 (31) 3224 6087
Televendas (gratuito): 0800 2831322

vendas@autenticaeditora.com.br
www.autenticaeditora.com.br

ESTE LIVRO FOI COMPOSTO COM TIPOGRAFIA BEMBO E IMPRESSO
EM PAPEL CHAMOIS BULK 80G. NA FORMATO ARTES GRÁFICAS.